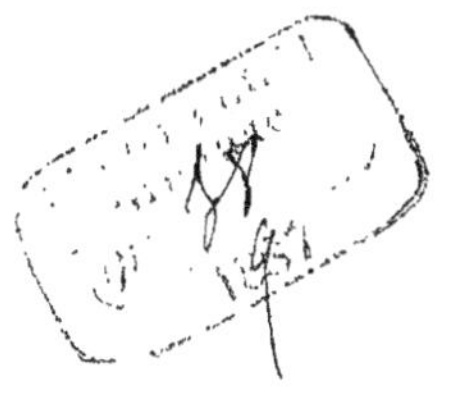

INVENTAIRE GÉNÉRAL

DU

GRAND-THÉATRE

DE BORDEAUX

EN L'AN III

PUBLIÉ PAR

FRANCISQUE HABASQUE

BORDEAUX

IMPRIMERIE G. GOUNOUILHOU

11, — RUE GUIRAUDE, — 11

1896

Extrait du tome XXXI des « Archives historiques du département de la Gironde. »

L'INVENTAIRE DU GRAND-THÉATRE

EN L'AN III

Le 30 pluviôse an III de la République française (1), un arrêté du représentant du peuple Treilhard, en mission dans le département du Bec-d'Ambès, prescrivait qu'il fût fait un inventaire complet du Grand-Théâtre de Bordeaux.

Pour faire comprendre les motifs de cet arrêté, il nous faut remonter quelque peu en arrière.

L'achèvement du célèbre monument de Louis avait eu lieu au moment où Bordeaux était à l'apogée de la prospérité. Les fortunes territoriales considérables y rivalisaient avec les richesses commerciales immenses. L'or ruisselait. A une ville de luxe il fallait des plaisirs luxueux. Celui du théâtre était, pour des raisons spéciales, particulièrement goûté par le gouverneur, le maréchal duc de Richelieu, et il tenait à avoir la haute main sur la scène qui allait s'ouvrir. Par ses soins se fonda une compagnie d'actionnaires où dominaient ses amis et ses créatures et à laquelle il fit concéder pour trente ans la direction privilégiée moyennant un loyer annuel de 56,000 livres payables à la Ville.

L'entreprise fut somptueusement montée et la représentation d'ouverture eut lieu le 7 avril 1780 avec *Athalie.*

Les dépenses de la première année s'élevèrent, en chiffres ronds, à 515,000 livres, somme qu'il faut considérablement majorer si on veut l'évaluer en monnaie actuelle. Aussi les actionnaires, trouvant sans doute le fardeau trop lourd, ne tardèrent-ils pas à faire cession de leur privilège à des professionnels par l'intermédiaire desquels il fut rétrocédé, en 1783, à un certain Albert de La Jaubertie. Puis, directions et régies se succédèrent jusqu'au moment où, le 30 août 1790, Albert consentit aux citoyens Henry Hus, Malo et Rozu-Lescoure un bail que ceux-ci transmirent, le 4 octobre 1791, au citoyen Rozelly dit Dorfeuil.

(1) 18 février 1795.

Vint l'année 1793. Suspect d'aristocratie, Dorfeuil fut arrêté et emprisonné avec toute sa troupe au nombre de quatre-vingt-six personnes. Les représentants du peuple désignèrent, pour le remplacer, le citoyen Brochard, administrateur du Théâtre de Molière.

Mais Dorfeuil, innocenté, ne tarda pas à être élargi. Albert, alors, s'appuyant sur son titre de concession de la jouissance du Grand-Théâtre, réclama la reconnaissance de la validité du bail par lui consenti à Henry Hus, Malo et Rozu-Lescoure. Dorfeuil, cessionnaire de ces derniers, demanda, de son côté, à être réintégré dans sa direction. L'un et l'autre prétendaient, en outre, que Brochard et ses coassociés fussent condamnés à leur payer des dommages-intérêts. Brochard, menacé d'éviction, retournait contre eux pareille demande qu'il formait aussi contre la Nation, imité en cela par Dorfeuil qui arguait de sa dépossession passée comme Brochard de sa dépossession imminente.

C'est ce conflit, assez embrouillé, de prétentions contradictoires, que régla le représentant Treilhard en reconnaissant bien fondée l'action d'Albert et de Dorfeuil, et c'est pour fixer les droits des parties à raison de la détérioration ou de l'augmentation du matériel qu'il ordonna de procéder à l'inventaire qui nous occupe.

Cet inventaire fut commencé le 18 ventôse an III (1) par le juge de paix Latour en présence du notable Bonaffé. Lévêque, greffier, tenait la plume, plume vaillante qui fournit dans l'espèce une laborieuse carrière, non toutefois sans quelques défaillances d'orthographe dont certaines ont le mérite assez rare de ne pas manquer de saveur.

Le long travail du juge de paix, fait d'une façon minutieuse et méthodique, comprend à la fois les costumes, les accessoires, les décors, la bibliothèque et le mobilier. Il est donc d'une véritable importance pour l'histoire du Grand-Théâtre, puisqu'il permet d'en reconstituer le répertoire et la physionomie scénique dans les premiers temps de l'exploitation, c'est-à-dire sous le règne de Louis XVI. Il est certain, en effet, que dans les débuts de la République on eut peu le loisir de faire de notables adjonctions au matériel antérieur.

Il est difficile d'analyser un inventaire : il faut le lire. Nous essaierons cependant, en suivant sommairement les divers chapitres de celui-ci, d'indiquer l'intérêt que peut présenter sa lecture.

(1) 8 mars 1795.

V

Nous entrons d'abord au magasin des costumes. Et peu à peu, de l'examen des défroques surgissent, dans un étonnant pêle-mêle, les masses des figurants et des choristes. Les voici tous : Chinois et janissaires, Espagnols et troubadours, Grecs et Romains, Scapins et Polichinelles, invalides et chevaliers, juges et procureurs, Philistins et grenadiers, Turcs et paysans, dragons et sauvages, pâtres et hussards, Golcondois et nègres... une quantité de nègres. Ceux-là, les comparses, sont vêtus de pékin, de bouracan, de cadis, de calmande, de voile, de ratine, de droguet, d'indienne, de toile, de serge, de camelot. Mais ce ne sont là qu'étoffes de racaille et, pour les vrais acteurs, voici que s'amoncellent les velours, les taffetas rayés, tigrés, pailletés, mordorés, mouchetés, les peluches de soie, les damas brochés, les dentelles d'argent, la gaze d'or, les points d'Espagne d'or, les tissus à fleurs d'or tempérés, adoucis, poétisés par le frais linon et dominés par le roi Satin qui, chatoyant, lumineux, souple, gracieux, adorable, moule les torses des bergers et lustre la traîne des princesses.

Et partout, s'alliant, se heurtant, se faisant valoir, hurlant parfois de se voir accouplées, les couleurs à la mode en leur gamme infinie : paille, jonquille, abricot, souci, capucine, orange, vert pomme, pistache, olive, rose, cerise, coquelicot, ponceau, cramoisi, feu, lie de vin, chamois, carmélite, feuille-morte, boue de Paris, galette, prune, bleu de ciel, chair, gorge de pigeon, et surtout le lilas, le doux lilas, souvenir et reflet du printemps, mélancolique en ses nuances rêvées et portant comme le galant demi-deuil des fêtes et des amours du siècle qui s'en allait.

De même que les associations de nuances, la conception des costumes est curieuse à étudier. Les dieux se vêtent de culottes emblématiques : celle d'Apollon est blanche comme la radieuse lumière, celle de Pluton couleur des feux d'enfer; celle de Neptune, en taffetas vert garni de gaze d'argent, rappelle la vague glauque et sa crête écumeuse. Après la tragédie, la comédie : la robe de chambre du *Malade imaginaire* est de satin galette avec gilet et culottes de satin à fleurs jaunes; la robe de chambre du *Bourgeois gentilhomme* de satin jaune et bleu, fer à cheval de galon d'argent, dessous de Durance bleue garnie de limasson d'argent. Un pâtre, un Némorin quelconque, fait pour mener à l'herbe tendre les troupeaux du Petit-Trianon, porte des vêtements de satin mordoré avivés d'un gilet de taffetas rose. Certains costumes donnent à songer : un habit d'ombre d'enfant, un sans-culotte d'enfant en serge olive! Plusieurs acteurs ont laissé au théâtre, au moment de leur arrestation peut-être, des effets personnels. Certains ne manquent pas que d'être suggestifs : le corset de satin bleu de la citoyenne Lombard, la chemise en linon de la citoyenne Gasse, la culotte de taffetas chair de la citoyenne Chouchou.

Mais le peuple comique n'est que vêtu, il faut le coiffer, et le magasin du plumassier nous ouvre un mirifique « chapitre des chapeaux » à faire pâmer Aristote. Là s'entassent bonnets, toques, turbans, barrettes, coiffures de toute époque, de tout pays, de toute forme et de toute dimension; et s'il est vrai qu'« une tête empanachée n'est pas petit embarras », ceux qui les portaient devaient être furieusement embarrassés. En effet, c'est par centaines que l'on dénombre les plumets, les pompons, les aigrettes, les panaches, les crinières, les plumes de laine, les plumes de coq, les plumes d'autruche. Pour impersonnels que paraissent tous ces couvre-chefs, d'aucuns ont leur destinée, *habent sua fata!* Ceci est le chapeau d'*Umquichotte* (lisez don Quichotte); cela la coiffure d'Othello, ci-devant des quatre fils *Edmond* (lisez Aymon); à côté les casques neufs, en carton, des susdits quatre fils *Edmond*, plus loin le casque et le masque en carton blanc modelé, avec perruque assortie, que porte le commandeur du *Festin de Pierre;* sur ce rayon encore, toujours, des casques de ci-devant chevaliers qui sont pour nous sans mystère : de la toile noire garnie de limasson d'argent.

Nous sommes maintenant dans le bazar des accessoires. Il en est de majestueux : l'épée de Charlemagne et le trident de Neptune; il en est d'utilitaires : douze instruments en bois et fer-blanc pour les matassins de M. de Pourceaugnac, un ustensile en faïence plus intime encore. Il y en a de gracieux : sept flambeaux d'amour et quatorze houlettes; d'autres sont attendrissants : les deux petits enfants, tête de carton et corps empaillé, dont l'enlèvement par le traître fit souvent sangloter la salle. Puis tout un capharnaüm : un dîner en bois, filet de bœuf, pâté, brochettes d'oiseaux (il était réservé au XIXe siècle d'importer sur la scène la vraie soupe et la salade fraîche); un calumet de paix, deux mâchoires d'âne, un paquet de cocos en osier doublés de toile jaune; deux lunes; toute une cavalerie, huit petits chevaux d'osier avec leurs bottes; la grosse caisse pour le tonnerre, la grande roue pour la grêle, les cuirasses en moire d'acier, le stock des armes en fer-blanc...

Certains de ces objets, de fabrication naïve, pourraient nous donner à sourire, gâtés que nous sommes par les merveilleuses restitutions scéniques auxquelles parfois nous assistons. Mais, alors, les spectateurs, moins hantés du souci de la vérité historique, étaient plus faciles sur l'illusion et se déclaraient satisfaits pourvu que l'œil fût flatté et, par suite, au réalisme préféraient de beaucoup le luxe.

Sous ce rapport le mobilier destiné à la scène ne laissait rien à désirer. Nous y trouvons des fauteuils dorés avec leurs coussins de satin galonnés d'or, d'autres en canne garnis de velours d'Utrecht, un canapé rose à six pieds de bois doré, un tapis écarlate galonné d'or pour *Tartuffe,* des girandoles garnies de cristal de roche, des appliques à deux branches dorées au feu, dont le style sans doute ferait pâmer les amateurs.

Ceux-ci ne pourraient non plus refuser leurs suffrages aux décors.

Les premiers peints, ceux qui constituèrent, au début, le nécessaire outillage du théâtre et qui devinrent la propriété de la commune, furent l'œuvre d'artistes de mérite. Tels ils avaient été commandés par Louis, tels ils existaient, à peu d'exceptions près, en l'an III : le temple, la chambre de Molière, la prison, de Lemaire; le jardin, le hameau, les Champs-Élysées, l'enfer, de Restout; le grand palais, la chambre rustique, la place publique, le désert, le grand salon, de Berinzago [1]. On n'avait à regretter qu'une magnifique décoration à colonnades, du prix de 15,000 livres, que les actionnaires avaient fait faire pour donner des fêtes au théâtre. On l'appelait la salle de bal; prêtée à un citoyen qui voulut faire danser au Jardin-Public, elle fut peu à peu dépecée par les directeurs peu surveillés qui en utilisèrent les châssis selon les besoins de leur exploitation.

Les directions successives, d'ailleurs, furent loin d'en demeurer aux décors du début. Dans un constant souci de la mise en scène elles avaient fait peindre, pour monter les pièces nouvelles, tantôt des fonds spéciaux : Milan, Chantilly, l'Olympe, l'antre des Euménides; plus souvent des décorations entières : le bazar de la *Caravane*, le temple souterrain d'*Iphigénie en Tauride,* la démolition du temple des Philistins pour *Samson,* le navire du *Capitaine Cook,* monté sur un bâti mouvant, précurseur du vaisseau de l'*Africaine.* Pour *Armide,* qui, objet d'un soin exceptionnel, semble avoir été un succès, tous les décors étaient neufs. En outre, dans le magasin, les fermes, les châssis, les praticables sont à l'infini : tours, pavillons, maisons, tentes, ponts, moulins, temples, rochers, autels, fontaines, bûchers, arcs de triomphe, balustrades, grilles,

(1) Deux péristyles de Berinzago et une forêt de Restout avaient été transportés au Théâtre des Variétés.

tombeaux, volcans, arbres, puits, tribunes, trophées, chars à nuée, voire même trônes de « ci-devant rois ».

Toutefois, l'intérêt principal de la longue énumération contenue, de ce chef, à l'inventaire, ne vient point des indications scéniques qu'elle peut donner, mais de l'attribution précise qui est faite des divers numéros à chacune des pièces représentées.

Nous avons ainsi, et probablement d'une façon unique, précieux indice des goûts du public contemporain, la liste quasi-complète des opéras, tragédies, comédies et ballets qui furent joués au Grand-Théâtre dans les douze ou quatorze premières années de son exploitation. Nous ne pouvons ici détailler cette liste qui ne comprend pas moins d'une centaine de titres. Nous nous bornerons à constater l'heureux choix des pièces dont bon nombre sont parvenues à la notoriété et plusieurs à la célébrité. Répertoire classique à part, citons *Didon, Alceste, Iphigénie en Aulide, Aline reine de Golconde, Annette et Lubin, Castor et Pollux, la Rosière, le Déserteur, l'Épreuve villageoise, Orphée et Eurydice, Rose et Colas, Œdipe chez Admète, le Barbier de Séville, l'Orphelin de la Chine, la Veuve du Malabar, Pygmalion, Sémiramis, le Mariage de Figaro, Gabrielle de Vergy, l'Amour corsaire, Paul et Virginie, les Visitandines*. Ajoutons encore qu'à la fin de la liste l'actualité donne sa note avec *la Prise de la Bastille, la Destruction de la royauté, les Dragons et les Bénédictines* et *l'Enrôlement des citoyennes*.

Intéressante aussi est la bibliothèque du théâtre qui, en plus des pièces jouées, renferme les pièces jouables.

A côté d'une collection de théâtres complets où figurent les Corneille, les Racine, les Molière, les Quinault, les Destouches, les Marivaux, les Dancourt, les Florian, les Voltaire, nous trouvons une curieuse série de 116 opéras et de 84 ballets avec 162 partitions où s'épanouit, en la grâce charmeresse de ses mélodies, la musique des maîtres du XVIIIe siècle. De plus, 173 comédies, 82 tragédies, 23 pièces manuscrites permettaient de satisfaire à toutes les nuances du goût de ceuxqui préféraient Melpomène à Euterpe et Thalie à Terpsichore. Le catalogue pourtant, grâce aux lapsus du greffier, n'est pas sans offrir quelques problèmes à la sagacité du lecteur. Sans peine dans *Cali et Rhoé* il devinera *Callirhoé;* avec un peu d'attention *l'Infante de Zamora* (1) dans *l'Enfant des Armora;* peut-être,

(1) *L'Infante de Zamora,* de Paësiello, figurait encore en 1807 au répertoire du Grand-Théâtre, et les Archives de l'Hôtel de Ville conservent une curieuse affiche du 24 décembre de cette année où elle est annoncée avec le ballet de *Mirza et Lindor* et la comédie de *Bruis et Palaprat*.

comme nous, restera-t-il muet devant l'*Effet Dhèbe* (???). Ce fantaisisme, heureusement, est rare et l'on peut, en somme, sans se torturer l'esprit, repasser les noms de maintes œuvres connues empreintes d'une galante mièvrerie ou étincelantes d'esprit. Dans le nombre se sont glissées des pièces de circonstance : *le Français à la Grenade,* souvenir des exploits de d'Estaing; *le Roi Théodore à Venise,* inspirée par les aventures de l'éphémère monarque corse. L'ère républicaine n'est point sans marquer son avènement par des opéras : *l'Offrande à la liberté, le Club des bonnes gens,* l'*Amour sans culottes;* des ballets : *l'Espion autrichien, l'Offrande à la patrie;* un démarquage : *le Général bienfaisant,* ci-devant *Seigneur;* une comédie : *Mirabeau aux Champs-Élysées,* et, parmi les manuscrits, une production inclassée dont nous serions curieux de connaître le scénario : *l'Acceptation de la Constitution!*

Mais l'inventaire ne se borne pas à la décoration, à la figuration et au répertoire, il nous promène en tous lieux dans l'immense monument, au long des escaliers et des corridors, parmi les trappes et les cordages, de la loge du concierge aux salons de la direction, des dessous jusqu'aux cintres, de la salle de concert à la salle de spectacle. Seulement, tandis qu'il nous dépeint les choses de la scène avec l'aspect et la consistance qu'elles avaient sous Louis XVI, il nous montre l'aménagement général du théâtre dans un état qui ne laisse pas que de se ressentir des troubles du temps et des péripéties directoriales.

A l'orchestre il n'y a que quatorze pupitres, parmi lesquels errent les contrebasses; la loge de la ci-devant reine et celle du ci-devant roi, avec sa cheminée en marbre blanc, ne sont plus meublées que de chaises en noyer; par contre, aux places des spectateurs demeurent, avec quelques fauteuils, une centaine de chaises en moquette bleue et une soixantaine en moquette rouge. Le foyer du public a conservé ses banquettes en velours d'Utrecht cramoisi, mais l'étoffe montre la trame.

Avec le juge de paix nous faisons la minutieuse visite des loges du personnel, y compris celles des « citoyennes des cœurs », sans qu'il y soit omis ni une armoire, ni une tablette, ni un portemanteau. Nous entrons dans l'appartement de l'administration. Il est bouleversé depuis l'arrestation du citoyen et de la citoyenne Dorfeuil. Le lit à la polonaise, drapé en camaïeu à dessins chinois, placé naguère dans la chambre des acteurs de Paris, est veuf de son sommier et de sa couverture; des fauteuils de moire de soie sont déchirés, des tableaux, une table à pliant ont disparu.

Dans le grand salon, une glace est cassée, le foyer est vide d'un garde-feu à recouvrement en cuivre garni de vases dorés en or moulu; cette pièce pourtant, tendue de moire bleue et blanche rayée, avec ses rideaux de taffetas à carreaux de mêmes couleurs garnis de franges et de glands de soie, conserve des restes de sa splendeur première. De-ci de-là, dans les recoins, se rencontrent des meubles qu'on s'arracherait aujourd'hui : une commode régence à deux tiroirs avec son marbre gris, une console à pieds dorés recouverte de marbre blanc. Lamentable est la cuisine : pour tout ustensile, une vieille table à jeu!

Le magasin du ferblantier a mieux su conserver son outillage. On y suit dans tous ses arcanes un éclairage qui savait être brillant sans le secours du gaz et de l'électricité. C'est le triomphe de l'huile : les vingt-six feux de la rampe, douze grands lustres, cinq grandes lanternes à pans coupés, la grande lanterne du vestibule, à la douzaine les plaques polies pour les herses et les réflecteurs pour les gloires, à la centaine les réverbères en cuivre doré et argenté, à la centaine les lanternes tournantes, carrées, à verre rond, à tire-point, les lampes horizontales, à deux pompes, à bec plat, à deux becs, à quatre becs, à six becs, à douze becs... enfin deux lampes sépulcrales!

Cependant, malgré sa diversité, l'inventaire, à la longue, pourrait paraître monotone si un menu détail, de caractère anecdotique, ne venait parfois réveiller l'intérêt : tels uniformes d'invalides ont été empruntés au fort de la Révolution, ex-Château-Trompette; cette montagne à trois révolutions a figuré au Champ-de-Mars; deux grandes draperies de quinze aunes, cramoisies, frangées d'or, prêtées à la section Franklin pour la plantation d'un arbre de la liberté, ont été rendues en treize morceaux.

Mais il y a mieux que des anecdotes, il y a un mystère.

Au cours de la vacation du 1er floréal (1), le juge de paix, instrumentant dans l'une des chambres de la direction, se trouve tout à coup en face d'une armoire peinte en gris et sur la serrure de laquelle est apposé le scellé à six cachets du Club National avec la date du 13 thermidor an II (2).

Il faut savoir ce que contient l'armoire et, « dans l'intérêt de la nation, » le magistrat se fait autoriser par le directoire du district à lever le scellé. Le 4 prairial (3) il est procédé à la levée, et des profondeurs de l'armoire

(1) 20 avril 1795.
(2) 31 juillet 1794.
(3) 23 mai 1795.

sort un entassement d'effets des ci-devant églises. Ce ne sont qu'étoffes, tissus et dentelles de grand prix, chasubles, chapes, tuniques et étoles de la plus grande richesse, saisis naguère, et qu'on devait peu s'attendre à rencontrer en pareil lieu.

Enfin, après trente-deux vacations laborieuses, l'inventaire est clos le 24 prairial an III (1), non toutefois sans que le patient citoyen Lacour ait accessoirement inventorié le Théâtre des Variétés sur le matériel duquel les directeurs litigants prétendaient aussi respectivement des droits.

Formant un épais cahier de papier jauni par le temps et rongé sur les bords, ce document habitait depuis un siècle les archives de l'Hôtel de Ville.

Échappé à bien des dangers, aux rats et à l'incendie, n'ayant dans sa longue carrière laissé en chemin qu'un certain nombre de mots écrits trop près du bout des lignes et que nous avons dû remplacer par des traits, il méritait, nous a-t-il paru, de revoir le jour et d'être sauvé par l'impression.

Nous souhaitons qu'il puisse être de quelque utilité à qui voudra retracer d'une façon définitive l'histoire mouvementée du Grand-Théâtre de Bordeaux.

(1) 12 juin 1795.

INVENTAIRE GÉNÉRAL

DES COSTUMES, PIÈCES DE THÉATRE, DÉCORS, BALLETS, ETC., DU GRAND-THÉATRE DE BORDEAUX

Archives municipales de Bordeaux : Papiers des Justices de Paix.

LIBERTÉ ÉGALITÉ

AU NOM DU PEUPLE FRANÇAIS

Le Représentant du peuple en mission dans le département du Bec-d'Ambès, vu l'arrêté du Comité de l'instruction publique du 22 nivôse qui renvoie, pour y [faire droit], aux Représentans du peuple dans le département du Bec-d'Ambès, la demande formée par le citoyen [Albert] à l'effet de rentrer dans la jouissance du Grand Spectacle de Bordeaux; [vu] la lettre du même Comité du 1er pluviôse, qui renvoie pareillement et pour y faire droit, la pétition du citoyen Dorfeuil, tendant à ce que la jouissance de ce spectacle lui soit conservée; vu aussi les pétitions, mémoires et pièces respectivement fournies par les citoyens Albert, Dorfeuil, et par les citoyens Brochard et ses coassociés, actuellement en possession dudit spectacle, et, après avoir entendu contradictoirement le citoyen Albert, la citoyenne Dorfeuil et les citoyens Brochard et Labenete, l'un des associés :

Considérant que si des circonstances orageuses et les soupçons répandus contre l'administration du Grand-Théâtre de Bordeaux, ont motivé la mesure de rigueur prise par l'arrêté des Représentans du peuple, le 16e jour de frimaire de l'an second de la République, il est convenable de faire disparoître aujourd'hui les traces de cette sévérité, puisque les citoyens inculpés ont été depuis justifiés, que rien ne s'oppose à ce que le titre de la concession faite au citoyen Albert pour treize *(sic)* années de la jouissance du Grand-Théâtre reçoive son exécution, mais aussi que le bail consenti par celui-ci le 30e août 1790, en faveur des citoyens Henry, Hus-Malo et Rozu Lescourre, doit pareillement être exécuté, que l'article II de cet acte qui porte que, dans le cas où une force majeure anéantiroit l'entreprise, ou dans le cas où le gouvernement s'en empareroit et en disposeroit, le bail seroit résilié sans dommages et intérêts, n'a pas eu pour objet d'anéantir le bail lorsqu'il pourroit encore recevoir son exécution; comme dans celui d'une suspension momentanée, mais seulement d'assoupir toutes demandes en indemnité dans le cas où, par le fait de force majeure, le bail ne pourrait plus être exécuté; que les citoyens à qui le citoyen Albert a loué sa jouissance, ont pu la sous-louer, qu'ils l'ont cédée, par acte du 4 octobre 1791, au citoyen Dorfeuil, et qu'il n'y a pas de motif de suspendre l'exécution de cet acte plus que celle des précédens; que les citoyens Brochard et compagnie, à qui l'arrêté du 16 frimaire de l'an second, avoit accordé la jouissance du Grand-Théâtre, ne peuvent avoir aucune indemnité à réclamer contre les citoyens Albert et Dorfeuil, à raison de la rentrée de ceux-ci dans une jouissance à laquelle ils ont un droit incontestable, que lesdits Brochard et compagnie ne sont pas plus fondés à réclamer à ce sujet une indemnité contre la Nation, parce qu'ils ont sinon sollicité, du moins volontairement agréé la concession qui leur a été faite du Grand-Théâtre, et qu'ils n'ont à cet égard éprouvé aucune espèce de contrainte, que d'un autre côté, s'ils ont donné des représentations et des bals gratuits, ils ont reçu une somme d'environ 40,000 livres qui a été distribuée entre les artistes, et qu'ils n'ont pas encore justifié que cette somme fut insuffisante pour leur dédommagement; considérant que les citoyens Albert ou Dorfeuil ne seroient pas fondés à réclamer, à raison de leur dépossession, des indemnités contre Brochard et compagnie, parce qu'il n'est pas prouvé que ceux-ci ayent provoqué cette dépossession, et qu'elle a eu pour cause les soupçons élevés contre l'administration du Théâtre, qu'enfin l'indemnité réclamée par le citoyen Dorfeuil contre la Nation, à raison de sa dépossession, n'est pas encore assez motivée ni fixée d'une manière assez précise, pour qu'il soit possible de décider dans ce moment s'il y a lieu à indemnité, et, dans le cas de l'affirmative, à quelle somme elle doit être réglée,

Arrête :

Article premier. — Les titres de concession faits au citoyen Albert, pour trente *(sic)* années de la jouissance du Grand-Théâtre de Bordeaux, le bail passé par le citoyen Albert, le 30 août 1790, aux citoyens Henri,

Hus-Malo et Rozu Lescoure, ensemble la cession faite par ceux-ci au citoyen Dorfeuil, par acte du 4 octobre 1791, seront exécutés selon leur forme et teneur.

Art. 2. — Les citoyens Brochard et compagnie abandonneront, à la fin de l'année dramatique qui va expirer, la jouissance des théâtres, décorations et autres objets qui leur avoient été accordés par l'arrêté du 16 frimaire de l'an 2e de la République.

Art. 3. — Le citoyen Dorfeuil rentrera le premier jour de la prochaine année dramatique, dans la jouissance des objets à lui affermés par l'acte du 4 octobre 1791.

Art. 4. — Il sera dressé par le juge de paix de l'arrondissement, en présence d'un membre de la Municipalité, un inventaire des objets composant le magasin du Théâtre et appartenant soit à la République, soit à l'ancienne ou à la nouvelle administration. Les citoyens Albert, Dorfeuil, Brochard et compagnie seront appelés et ils pourront, soit par eux, soit par leurs fondés de pouvoir, faire telles observations qu'ils jugeront convenables.

Art. 5. — Les citoyens Albert, Dorfeuil, Brochard et compagnie nommeront, dans le délai de huitaine après la clôture ______ chacun ______ lesquels prononceront sur les ______ d'indemnités ______ soit du déficit, soit de la détérioration ______ de l'augmentation ou amélioration des objets inventoriés.

Art. 6. — Si l'une des parties est en retard, dans le délai de huitaine, de nommer ses arbitres, elle pourra être sommée par l'une ou l'autre des autres parties, de les nommer dans le délai de trois jours, et ce délai expiré et, sur le vû de la sommation, le citoyen faisant les fonctions de président du District en nommera pour elle.

Art. 7. — Dans le cas où les six arbitres ne seroient pas d'accord entr'eux, ils nommeront un ou trois sur-arbitres à leur choix, qui s'adjoindront à eux et prononceront.

Art. 8. — Les citoyens Brochard et ses co-associés acquitteront les charges dont étoit grevée la jouissance du citoyen Dorfeuil, en raison du temps écoulé depuis leur entrée en jouissance jusqu'au moment de leur dépossession.

Art. 9. — Pour assurer au citoyen Albert la rentrée de ce qui peut lui être dû, il est autorisé à nommer, dès ce jour, un contrôleur qui surveillera les recettes et leur emploi.

Art. 10. — Les citoyens Brochard et compagnie sont autorisés à rouvrir le Théâtre dit de Molière, dont ils avoient l'administration avant d'obtenir celle du Grand-Théâtre.

Art. 11. — Il n'y a lieu à délibérer sur les demandes en indemnité de Brochard et compagnie, contre les citoyens Albert et Dorfeuil, ou de ceux-ci contre les citoyens Brochard et compagnie.

Art. 12. — Les demandes en indemnité contre la Nation, formées par le citoyen Dorfeuil, à raison de sa dépossession, et par les citoyens Brochard et compagnie, à raison des représentations gratuites qu'ils ont données, sont renvoyées au Comité des finances.

Fait en séance à Bordeaux, le 30 pluviôse, 3e année républicaine.

Le Représentant du peuple,

TREILHARD.

Aux citoyens Maire et Officiers municipaux de la commune de Bordeaux.

Citoyens,

Albert, propriétaire du grand et du petit Théâtre de cette ville, vient d'obtenir du Représentant du peuple, en séance à Bordeaux, un arrêté en datte du 30 pluviôse, à l'effet de rentrer dans sa propriété. « L'article 4 » dud. arretté porte qu'il sera dressé par le juge de paix de l'arrondisse- » ment, en présence d'un membre de la municipalité, un inventaire des » objets composant le magazin du Théâtre, » comme il est du plus grand interest audit Albert de faire constater le plus promptement possible l'état de dégradations des objets composant sa propriété, il vous demande que vous fixiez l'heure à laquelle vous pourriez chaque jour opérer et procéder audit inventaire afin que les parties interessées puissent s'i conformer en leur présence ou en leur absence.

Salut et fraternité. ALBERT.

Commissaire : le citoyen Milhac, notable

Bordeaux, dans la maison commune, le 8 ventôse, 3e année de la République française, une, indivisible.

[Ont signé :] J. FERRIÈRE, *maire;* OLIVIER, *secrétaire adjoint.*

Au citoyen Juge de paix de l'arrondissement de la section de l'Esprit-des-Loix, n° 11.

Citoyen.....

(Suit une lettre identique à celle adressée à la Municipalité.)

Sur quoi, nous, Jean Latour, juge de paix de l'arrondissement Dominique, commune de Bordeaux, vu la pétition de l'autre part, l'ordonnance de la Municipalité qui nomme pour commissaire le citoyen Milhac, notable, du huit de ce mois, signée : Ferrière, maire, et Olivier, secrétaire adjoint, et l'arrêté du représentant du peuple Treilhard, en scéance à Bordeaux, du trente pluviôse dernier, qui porte, article 4, qu'il sera par nous dressé, en présence de l'un des membres de la municipalité, un inventaire des objets composant le magazin du Grand Théâtre de Bordeanx et appartenant soit à la République, soit à la nouvelle administration, les citoyens Albert, Dorfeuil, Brochard et compagnie, seront appelés et pourront, soit par eux, soit par leurs fondés de pouvoir, faire telles observations qu'ils jugeront convenables.

Ordonnons qu'à la requête du citoyen Albert, le citoyen Dorfeuil ou son chargé de pouvoir et le citoyen Brochard et compagnie seront cittés par le citoyen Pastoureau, huissier de notre tribunal de paix, pour se trouver, le dix-huit du présent mois et jours suivans, au Grand-Théâtre, à huit heures du matin, pour être présens ou leur fondé de pouvoirs à l'inventaire que nous sommes chargés de faire, et faire telles observations qu'ils jugeront convenables, le tout en présence du citoyen Milhac, notable, commissaire nommé à cet effet par la Municipalité.

Fait à Bordeaux, le quatorze ventôse, l'an 3me de la République française, une et indivisible.

LATOUR, *juge de paix.*

L'an trois de la République française, une et indivisible, et le seize du mois de ventôse, à la requête du citoyen Albert, propriétaire de l'entreprise du grand et petit Théâtre, demeurant à Bordeaux, rue des Fossés, ci-devant Intendance, en conséquence d'une cédule du citoyen juge de paix de l'arrondissement Dominique, en datte du quatorze de ce mois, signée du citoyen Latour, juge de paix, j'ay cité les citoyens Dorfeuil, demeurant à Bordeaux, rue Fondaudège, et Brochard et Compagnie, demeurant au Grand-Spectacle, à comparoir le dix-huit du présent mois ce ventôse et jours suivants au Grand-Spectacle, à huit heures du matin, pour être présens, ou leurs fondés de pouvoirs, à l'inventaire qu'il sera fait, par le citoyen juge de paix de l'arrondissement Dominique, des objets composant le magazin du Grand Spectacle de Bordeaux appartenant soit à la République, soit à l'ancienne ou à la nouvelle administration, à faire telles observations qu'ils jugeront convenables, le tout en présence d'un commissaire de la commune conformément à la ditte cédule.

Je leur ay déclaré qu'il y sera procédé tant en leur absence que présence.

Fait à Bordeaux, en leur domicille où j'ay notiffié et laissé copie de laditte cédule et citation en parlant chez chacun à un citoyen par moy, Pastoureau, huissier ordinaire, commis par le citoyen juge de paix, demeurant à Bordeaux, petite rue Remy, n° 5.

Soussigné : PASTOUREAU.

Aux citoyens Dorfeuil, Brochard.

Bordeaux, ce 21 ventôse, l'an 3e de la République françoise.

Aux citoyens Maire et Municipaux de la commune de Bordeaux.

Citoyens,

J'avois demandé à la Municipalité, par une pétition, qu'elle voulût bien nommer un commissaire pour être présent à l'inventaire du Grand-Spectacle, ordonné par l'arrêté du citoyen Treilhard, représentant du peuple; vous aviez fait droit à ma demande en nommant pour commissaire le citoyen Milhac, mais, comme il n'est pas compris dans la nouvelle municipalité, je vous demande, Citoyen, pour pouvoir continuer l'inventaire, que vous nommiez un nouveau commissaire afin que le juge de paix ne souffre aucun retardement dans son oppération.

Salut et fraternité. PACHER, *chargé de procuration du citoyen Albert.*

Commissaire : le citoyen Bonaffé de Lance pour être présent à l'inventaire des effets composant le magazin du Grand-Spectacle.

Bordeaux, le 22 ventôse, 3e année de la République françoise une et indivisible.

D. COLLAR fils aîné, *officier municipal.*

Bordeaux, ce 21 ventôse, l'an 3e de la République françoise.

OLIVIER, *secrétaire adjoint.*

Aujourd'huy, dix-huit ventôze, l'an 3e de la République françoise une et indivisible, devant nous, Jean Latour, juge de paix de l'arrondissement Dominique, canton et commune de Bordeaux, est comparu le citoyen Pierre Pacher, ancien contrôleur du Grand-Théâtre, agissant comme chargé des pouvoirs du citoyen Albert qui demeureront annexés au présent verbal, lequel nous a dit qu'en exécution de l'arrêté du représentant du peuple Treilhard, en séance, à Bordeaux, du trente pluviôse dernier, qui nous commet pour faire l'inventaire des objets composant le magazin du Grand-Théâtre, appartenant soit à la République, soit à l'ancienne ou à la nouvelle administration, nous aurions délivré une cédulle sur la pétition du citoyen Albert qu'il représente, le 14 de ce mois, qui l'autorisait à faire citer le citoyen Dorfeuil et le citoyen Brochard et compagnie pour être présents ce jour, à huit heures du matin, audit inventaire ou se faire représenter et faire telles observations qu'ils jugeront convenables; qu'en exécution de la ditte cédulle il a fait donner lesdittes citations pour le dit jour et heure auxdits citoyens Dorfeuil et Brochard et compagnie, le seize dudit présent mois, par le citoyen Pastoureau, huissier, et comme il est huit heures du matin, ledit citoyen Pacher audit nom, nous a requis de nous transporter tout présentement au Grand-Théâtre pour procéder à la mission qui nous a été donnée par l'article 4 de l'arrêté du représentant du peuple Treilhard, dont acte.

[Signé :] PACHER, *chargé [de procuration du citoyen] Albert.*

Sur quoi, nous, juge de paix sus[dit, vu] l'exemplaire de l'arrêté du représentant du peuple Treilhard, du trente pluviôse dernier ——— certifié, par le citoyen Pacher, conforme à l'original resté à son pouvoir, notre cédulle ——— pour donner les citations au jour et heure par nous fixé pour notre transport, en datte du quatorze de ce mois, l'ordonnance de la Municipalité mise au bas de la pétition du citoyen Albert, du huit dudit mois, qui commet le citoyen Milhac, notable, pour assister à l'inventaire, signée Ferrière, maire, et Olivier, secrétaire adjoint, et la relation de la citation donnée le seize par Pastoureau, huissier, à la requête dudit Albert auxdits Brochard et compagnie et Dorfeuille pour se trouver ce jour et heure et jours suivants, ou leurs fondés de pouvoirs, à l'inventaire que nous devons faire des objets composant les magazins du Grand-Théâtre de Bordeaux avec les distinctions indiquées, faisant droit de la réquisition dudit Pacher, au nom qu'il agit, ordonnons que nous nous transporterons tout présentement au Grand-Théâtre pour procéder à l'inventaire dont s'agit, en présence des parties citées à cet effet ou de leurs représentans, et du citoyen Milhac, notable, que nous [avons] fait prévenir.

[Signé :] LATOUR, *juge de paix.*

Et à l'instant, nous, juge de paix susdit, nous étant transporté au Grand-Théâtre, en compagnie du citoyen Pacher et de Guillaume Lévêque, notre greffier, y avons trouvé la citoyenne Louize, veuve Rosselli ditte Dorfeuille, directrice du Grand-Théâtre de Bordeaux, fondée de pouvoirs du citoyen Pierre Dorfeuille, fermier de l'entreprise, lesdits pouvoirs en datte du trois pluviôse dernier, le citoyen Brochard, tant pour lui que pour ses cointéressés qui nous ont dit s'être rendus sur la citation à eux donnée à la requête du citoyen Albert, pour être présens à l'inventaire que nous sommes chargé de faire, conformément à ce qui est porté par l'article 4 de l'arrêté du représentant du peuple Treilhard, de laquelle présentation il nous ont demandé acte et ont signé.

LATOUR, *juge de paix;* BROCHARD,
J.-L. veuve ROZELLY, dite DORFEUILLE.

Sur quoi, nous, juge de paix, octroyons acte à la citoyenne veuve Roselly, représentant ledit Dorfeuille, et au citoyen Brochard et au citoyen Brochard et compagnie de leur présentation et donnons défaut contre ledit Henry, faute par lui de s'être présenté et d'avoir déféré à l'acte de sommation à lui faite à la requête dudit Albert, le quinze de ce mois, par Marge, huissier, et, attendu que ledit Milhac, notable, est ici présent, avons fait faire lecture par notre greffier aux parties présentes de l'arrêté du Représentant du peuple; et ayant été conduit dans le magazin des costumes, où nous avons trouvé le citoyen Chauvaud-Lespérance, magazinier chef du Théâtre, les citoyens _____ la citoyenne Rozelli, nous _____ citoyen _____ comme ayant les _____ pour nous désigner et dénommer _____ costumes des objets composant les _____ avons fait prêter le serment de nous _____ en foy et conscience tous les objets composant _____ que avons à inventorier dans cette partie, et _____ Pacher audit nom a requis d'interpeller ledit Brochard, si à l'époque où lui et ses coassociers sont entrés en possession avec leur troupe, au Grand-Théâtre, il avait pris la précaution de faire faire un inventaire, à quoi il a répondu que non, mais qu'il demanda au représentant du peuple Ysabeau de le faire faire, et que le citoyen Gaube, ancien juge de paix, fut chargé de le faire avec les citoyens Petrement et Sajas, membres de la municipalité, qui ont fait ledit inventaire ou rescencement des objets composant les magazins, sans qu'il ait été revêtu des formes, n'ayant été signé par personne et qu'il s'en est toujours rapporté à la fidélité des citoyens chargés des magazins par l'ancienne administration qu'il a conservé dans leur place, et qu'il a eu soin de faire entretenir le tout en bon état, y ayant quatre ouvriers occuppés journellement aux réparations et autres traveaux utilles au magazin.

Et par le citoyen Pacher audit nom a été répondu que l'inventaire n'a été fait que six mois après l'entrée dudit Brochard au Grand-Théâtre.

Et par ledit Brochard a été répliqué qu'il n'y avoit pas six mois, et qu'au surplus il s'est donné tous les mouvements nécessaires pour le faire faire.

1re Vacation (18 ventôse an III).

Ce fait nous avons procédé à l'inventaire général des objets composant les magazins de l'ancienne et nouvelle administration et de ceux qui apartienent à la République, ainsi qu'il suit, sçavoir :

Dans la salle des gardes.

12 cuirasses de toilles grises, lambrequins, tassetes de cuir rouge gallonées de ruban de fil jaune. — 12 habits de guerriers, de cuir, trousses et manches de Durance jaune, le tout gallonné en ruban de fil blanc. — 2 chefs *idem* gallonés en argent. — 12 *idem* guerriers, draperie et manches bleues. — 1 chef *idem* gallonné en argent, plus une cuirasse de toille grise, lambrequins, écaillée en argent. — 6 habits de peuple, de panne bleu, et 6 mantes de Durance jaune, le tout galloné en argent. — 6 *idem* de serge mordoré unis. — 8 *idem* de serge de diférentes couleurs. — 5 cullottes de serge et 5 mantes servant aux habits.

Et le citoyen Pacher, au nom qu'il agit, a observé qu'il y avait 6 cullottes et six mantes. A quoi il a été répondu par le citoyen Chauvaud, magazinier, que de la cullotte et de la mante, on en a fait un habit pour le jeune Barra, qui se trouvera dans le magazin. — 6 mantes de molton couleur de chair, dont 3 bordées de lizières tigres.

8 corps et 8 pantallons de camelot couleur de chair. — 12 tonnelets et 6 mantes de serge rouge imprimée garnis de toille tigrée. — 8 tonnelets de toille tigrée doublée de toille de différentes couleurs. — 16 petites mantes de toille tigrée doublée de toille rose. — 15 habits de sauvages de toille tigrée, doublure de différentes couleurs. — 13 *idem* de différentes couleurs et étoffes. — 8 habits de peuple de Durance bleue, draperie de gaze. — 8 *idem* de Durance blanche, draperie de moire d'argent. — 6 *idem* de serge blanche garnie de Durance bleue.

Et par le citoyen Pacher audit nom a été observé qu'il devoit se trouver 13 juppes de serge blanche. A quoi il a été répondu par le citoyen Chauvaud que lesdittes juppes ont été dénaturées (attendu leur délabrement) sous l'administration du citoyen Dorfeuille qui les a faites convertir en d'autres objets de costume tels que petites aubes d'enfant, et des racommodages.

12 habits de peuple et 12 mantes de serge mordorée, demi-corps et cullotte de serge couleur de chair garnie de toille tigrée. — 1 habit de confident, corps et manches couleur de chair, draperie et mante de toille tigrée doublée de toille rouge. — 2 casaques d'enfant de toille tigrée.

Et attendu qu'il est midy avons renvoyé la continuation du présent inventaire à demain neuf heures du matin.

Et ont signé avec nous :

BROCHARD, CHAUVAU, MILHAC, *notable;*
LATOUR, *juge de paix;* LEVÊQUE, *greffier.*

2me Vacation (19 ventôse an III).

Suite des effets dans la salle des gardes.

1 robe d'hermite d'étoffe brune. — 1 cazaque de Savoyard et sa ratissoire d'étoffe de serge brune. — 4 cazaques de toille gris de fer. — 1 chemise de toille rousse. — 1 habit de drap gris. — 1 veste de camelot vert. — 1 *idem,* gillet de ——— 1 petite veste brune. — 1 cullotte *idem.* — 1 petite casaque de toille. — 1 paire de housiot de serge brune. — 1 pantallon de serge jaune. — 1 veste de papeline bleue bava jaune. — 1 habit de taffetat rose d'enfant. — Veste et doublure de taffetat jaune. — 12 habits de Cith de Durance mordoré garnis de toille tigrée, manches de serge verte et leur coifure. — 5 *idem* de premier dansseur dont 3 de satin gris de fer écaillé de cordon argent, et 2 *idem* de satin cramoizi garni de cordon écaillé d'or. — 18 pantallons de cottonille teinte en couleur de chair. — 91 coifures de diférentes étoffes servant pour les gardes. — 14 casaques de serge verte garnies de toille tigrée, pantallon *idem,* gillets de serge rouge, garnis de limasson argent, ceinture de serge jaune et leur coiffure.

9 casaques de janisert de serge rouge. — 10 cullottes de serge bleue. — 10 gillets de serge jaune. — Ceinture et bonnets de serge cramoizi. — 12 cazaques, 12 cullottes chinoise d'indienne et 12 gillets de Durance jaune. — 6 cazaques chinoises d'indienne. — 2 *idem* de premier dansseur. — 6 draperies et 6 ceintures de toille Chaulet roze, peinte en plume.

12 cuirasses de chevalier de toille gris de fer garnie de limasson argent, retroussi jaune. — 12 *idem* retroussi rouge. — 12 *idem* retroussi bleu. — 24 culottes grises garnies de limasson argent. — 12 paires de guêtres *idem.* — 4 cuirasses *idem.* — 13 ceintures de Durance blanche. — 8 habits civils de Durance blanche garnis de Durance cramoizi. — 6 tau-

ges *idem* doublés de toille rouge et leur ceinture. — 1 tunique de satin blanc garnie de satin cramoizi, ceinture de croizé bleu.

6 habits de serge jaune doublés de toille roze, bouffet de Durance roze. — 4 habits de nègre de Durance jaune. — 4 casaques du Durance bleue garnies de limassons argent. — 4 culottes de tafetas bleu. — 1 habit de nègre de Durance noire, draperie de Durance jaune, bande roze. — 1 habit de satin jaune, draperie de taffetas noir, casaque de taffetas rose. — 1 habit de taffetas mordoré, draperie de taffetas noir garni de cocarde feu.

1 habit de matellot de taffetas brun. — 1 culotte de taffetas mordoré. — 1 *idem* et sa culotte de taffetas mordoré, gillet de taffetas roze. — 1 *idem* de taffetas rayé rose et blanc, gillet de taffetas abricot. — 1 *idem* et sa culotte de serge mordoré, son gillet calemaude tenant après. — 1 *idem* et son gillet de cotonille rayée roze, blanc et bleu.

16 habits de Béarnois de serge de différentes couleurs, dont 11 cullottes ______ casaques, 31 barret rouge et ______ différentes couleurs. — 14 ceintures Durance cramoizi ______ 16 habits de Béarnois de serge de différentes couleurs et leurs cullottes et 13 barrets. — 3 soutanes de toille noire et leur bonnet carré. — 1 habit de bohémien de satin blanc garni de taffetas bleu, dentelle or et argent, casaque de taffetas noir, retroussi rose garni de tresse argent. — 1 ceinture tricolore de toille. — 11 habits d'uniforme de serge bleue, bavaroise et doublure blanche, bouton jaune.

8 vestes de Bostonien de serge rouge, bavaroise et doublure de serge jaune. — 14 habits de molleton, ci-devant uniforme R. — 3 *idem* d'officier de Durance et drap de castor. — 2 fraques *idem* de serge. — 1 habit de tambour. — 6 vestes à manches et 6 sans manches. — 8 bonnets de police pour *idem*. — 5 douzaines de freses de toille blanche et 54 colletins. — 6 casques de creppon garnis de leur cregnière rouge et noire. — 16 casques de cuivre et leur cregnière noire.

20 massues. — 24 arcs. — 40 boucliers de tolle. — 20 lances *idem*. — 12 armoires ou coffres contenant les objets ci-dessus inventoriés, et la salle garnie d'un cordon de portemanteaux. — 2 lampes en fer-blanc et 8 tablettes établies dans les embrasures.

De là sommes passés dans le premier magazin des habits.

Premier magazin des habits.

18 habits de Golgondois et ses cullottes de serge jaune, gillets de serge rouge, bande de toille noire, ceinture et coifure et deux chefs. — 4 habits de montres composés de gillets de toille noire, pantallons *idem* écaillé de tresse rouge et verte. — 9 habits d'ussard de serge jaune garnis de peluche gros bleu, et leurs manteaux et coiffures. — 15 grandes culottes de serge jaune. — 6 habits du *Siège de Calais* de serge de différentes couleurs et leurs coiffures. — 2 habits pour l'*Orphelin anglais* de différentes couleurs.

1 habit de serge noire doublé du même. — 9 habits de guerriers grecs, corps de toille noire, manches de toille de cotton couleur de chair, draperie et manches rondes de serge blanche faites avec des juppes ou draperies du magazin. — 8 cuirasses de toille noire. — 8 pantallons garnis de cordon argent et moire d'or dont 4 de ces mêmes pantallons sont unis. — 6 cuirasses *idem* de toille noire sans manches, garnies de cordon argent. — 9 robes de moine de serge blanche et leur camail.

8 habits du peuple de Durance verte. — 4 *idem* de Durance noire garnie de Durance cramoizi. — 1 *idem* de satin blanc garni d'un gallon or et argent. — 4 tuniques de serge blanche faittes avec des robes de moine dépendantes du magazin du citoyen Albert, garnies de tresse écarlate. — L'habit du grand prêtre d'Hala _____ d'une double tunique de satin de _____ couleurs et ses clochettes _____. — Second vêtement de satin cramoizi _____ bande d'or et frange *idem* et sa plaque à douze tributs.

1 habit de grand prêtre composé d'une tunique de satin vert, seconde tunique de toille garnie de satin lilla et frange or et argent. — 5 robes de moire d'or, bande de satin lilla, doublure de Durance lilla. — 4 cottes d'armes de velours d'Utrec gallonées en or. — 4 robes de toille noire, bande toille rose. — 2 soubre vestes de Durance blanche, dont une cullotte et trois dolmens d'homme et deux de femme. — 3 soubre-vestes de Durance blanche et 2 robes, dont l'une doublée de rouge et l'autre blanche. — 6 chemises de toille peinte.

4 habits d'hussards et leurs pantallons garnis de limasson argent. —

1 habit d'hussard de toille écarlate, manteau de Durance noire. — 2 habits *idem* de Durance jaune, manteau de Durance bleue. — 1 habit *idem* de toille jaune garni de limasson argent. — 3 pantallons dont 2 de toille et un de serge.

Et attendu qu'il est midy et demi, avons renvoyé la continuation de l'inventaire au vingt-un du courant.

3e Vacation (21 ventôse an III).

Suite du premier magazin des habits.

2 petits enfants, tête de carton et le corps empaillé. — 2 peignoirs de gaze. — 1 aube de gaze. — 1 *idem* de Durance bleue. — 1 *idem* de taffetas rose. — 2 petits habits à la greque pour *Joas* et une mante de taffetas bleu doublé de gaze d'or. — 6 juppes de gaze teint en jaune. — 1 habit de Collin de ras de castor gris, boutonnières bleues, la cullotte perdue, d'après la déclaration du citoyen Chauvaud, sous la régie du citoyen Brochard, fait par citoyenne Dorfeuille.

1 habit de taffetas blanc et son gillet et son écharpe ____. — 1 habit de Durance gris bleu, gillet de taffetas rose ____. — 1 habit de Collin et sa ____ de taffetas bleu, boutonnière blanche ____ *idem*. — 1 habit de Collin de ras de castor gris, gillet de Durance bleue, la cullotte perdue sous la direction dudit Brochard. — 1 habit de satin blanc, gillet de taffetas blanc et gillet de taffetas bleu. — 1 habit de Collin de ras de castor gris et sa cullotte, boutons et boutonnières rozes, gillet et doublure d'habit *idem*, écharpe de satin gris.

1 pantallon à pied de toille noire. — 10 corps servant aux négresses, de toille noire. — 13 cullottes de toille noire. — 1 gillet de taffetas noir et sa cullotte. — 2 corps de tricot noir et un pantallon, dont un pantallon a été prêté par ordre de l'administration du citoyen Brochard à la section Franklin, pour le citoyen Olivier fils. — 2 pantallons à pied de peluche de poil chamois tigré. — 6 corps *idem* et leurs têtes de tigre et lion.

13 mantes de toille tigrée. — 2 draperies de toille tigrée et 1 de taffetas tigré doublée de toille noire. — 9 corsets de Durance blanche garnie de toille cirée. — 11 cullottes de Durance couleur de chair.

2 petits mannequins d'enfant et 20 marottes ayant servi pour le ballet

Monmus. — 1 tridan en fer blanc servant à Neptune. — 6 molletes garnies de fer blanc. — 14 gibernes. — 4 fusils. — 1 banière de toille.

2 habits de satin vert, garniture et casaque de moire d'argent pailleté. — 1 habit de taffetas vert à bande d'or. — 1 habit de lutheur de taffetas couleur de chair, draperie de taffetas tigré. — 1 habit à la greque de satin blanc, des bandes de satin lila, franges de soye *idem*, mante *idem*, un autre de satin lilla, bandes de satin vert, franges *idem*, mante *idem*, — 2 habits d'Appollon de satin blanc, cullotte *idem*, une mante et draperie de satin bleu. — 1 habit de Neptune de taffetas vert et sa cullotte garnie de gaze d'argent. — 2 habits de ciel de taffetas Florence peinte garnis de gaze d'argent. — 1 habit de satin vert, garniture et mante de taffetas tigré. — 1 habit de satin jaune, retroussi de satin vert, garni de tresses argent et frange. — 2 habits de terre en taffetas peint, garnis de dantelle d'argent. — 1 habit de satin lilla drapé de taffetas rose. — 2 habits de gladiateur, demi-cuirasse de satin gros bleu pailleté, draperie de satin brun, garnis de satin feu. — L'habit de Sillène et sa mante de peluche noire.

1 habit de moire d'argent ——— de satin rose garni de plume et ——— satin blanc pailleté en or. — 1 *idem* de satin gros bleu, doublure satin feu, garni de limasson or et casage de satin rose. — 1 habit de guerrier, corps de satin couleur de fer, draperie de satin feu, garni en or. — 1 *idem* garni en argent, mante et draperie de satin vert doublé de satin lilla. — 1 *idem* de satin blanc retroussi de satin vert. — 1 *idem* de taffetas mordoré, retroussi de satin blanc. — 1 habit de taffetas oronge garni de ruban noir. — 1 *idem* de taffetas capucine garni de ruban noir, gillet de taffetas blanc.

1 habit et sa cullotte de taffetas vert, gillet et garniture de taffetas blanc. — 1 habit à la greque de taffetas ponceau, mante et doublure de taffetas tigré garni de limasson or. — 1 habit de taffetas bleu, gillet de taffetas blanc, bouttons et boutonnières noires. — Habit et cullotte de taffetas changeant, gillet de taffetas blanc, bouttons et boutonnières *idem*. — Bonbé et cullotte de taffetas blanc garni de ruban bleu, demy gillet *idem*. — 1 habit rose rayé et satiné blanc, gillet de taffetas blanc garni de ruban noir. — 1 petit habit de satin bleu à la greque doublé de satin blanc. — 1 *idem* de taffetas blanc doublé de satin blanc.

1 habit de Collin et sa cullotte de taffetas gris garni de ruban bleu. — 1 habit de taffetas rayé bleu et blanc, gillet de taffetas blanc garni de ruban noir. — 1 habit et sa cullotte de taffetas pistache, boutons et boutonnières roze, gillet *idem*. — 1 habit et gillet de taffetas blanc garni de ruban bleu. — 1 habit et cullotte de taffetas gris garni de ruban bleu, gillet rayé bleu et blanc.

1 habit de taffetas bleu, garniture, cullotte et gillet de taffetas jaune. — 1 habit de satin rayé rose et blanc, gillet de taffetas blanc. — 1 habit de guerrier de moire d'assier garni de tresses pailletées en or, draperie et manches de satin vert brodé en paillettes or. — 1 habit à la greque de satin tigré, doublé draperie de satin prune, moizayque en or. — 1 habit de guerrier de moire d'assier, lambrequin de ras de castor jaune garni de pailletes en argent, draperie et mante de satin bleu, garni de point d'Espagne argent.

1 habit grec de moire, or et argent garni de paillon de couleur. — 1 habit de satin à la greque rose, garni de point d'Espagne et frange argent. — 1 *idem* de panne mordorée garni de limasson or. — 1 habit de guerrier, demi corps cher, draperie de peluche de poil j______ satin vert. — 1 habit de Hiarbe de satin ______ draperie de satin vert, garni de gallon ______. — L'habit du *Festin de Pierre* de taffetas blanc, double corps *idem*.

1 habit à la greque et sa cullotte de satin vert pomme, doublure et mante de satin jaune. — 1 *idem* et sa mante de moire d'or. — L'habit d'Erculle et sa mante de peluche de poil jaune. — 1 habit de crêpe blanc doublé de taffetas *idem*. — 1 habit de taffetas blanc, doublure et ceinture de taffetas roze. — 1 habit et sa cullotte de satin couleur de chair, mante et garniture de satin vert pome. — L'habit d'Appollon, de satin blanc, mante et doublure de satin bleu.

1 habit à la greque de satin gris, garniture et mante de satin cramoizi. — 4 habits de moire d'argent demi-corps de Durance roze. — 11 chemises de cotonnille rayée bleu et blanc. — 3 cullottes de cotonnille rayée rouge et bleu. — 1 gillet et sa cullotte de matellot de cotonnille bleue et blanc. — 1 *idem* de cotonnille roze et blanc, gillet et cullotte *idem*. — 8 chapeaux de laine garnis de jaune.

Et attendu qu'il est midy et demi, avons renvoyé la continuation du présent inventaire à demain neuf heures.

4e Vacation (22 ventôse an III).

Suite du premier magazin des habits.

2 habits turcs composés de deux doliments de Durance rose, garnis de limasson argent, 2 gillets et 2 cullottes de Durance bleue et ceinture de moire d'argent. — 8 habits chinois de Durance bleue garnis de taffetas roze et argent. — 8 gillets *idem* de Durance rose garnis de limasson argent et 8 cullottes *idem*. — 4 habits de Tartares de taffetas vert, almarche de satin moucheté. — 4 cullottes *idem* et 4 mantes de peluche tigrée doublée de taffetas rose.

1 doliment pour *Panurge* de serge jaune, 2 gillets et 1 cullotte de serge rouge pour *idem* et sa ceinture de Durance verte ——— second ——— pour *Panurge* ——— doliment et cullotte de satin ——— blanc garni de paillons feu ——— de satin rose à bande bleue et leur ceinture. — L'habit du grand-prêtre pour *idem*, doliment de satin prune garni de moire or et argent, tunique de damas blanc broché or feu et cullotte de satin rose et sa ceinture, et finallement 8 coiffures chinoises de toille rose garnies de dentelle argent. — 12 coiffures indien d'indienne fond brun garni de jaune.

8 habits de guerriers du *Capitaine Coch* de serge rouge, demi-corps et lambrequins noirs garnis de jaune. — 12 collets chinois de serge gros bleu garnis d'éguilletes de différentes couleurs. — 12 paires de guêtres pour *idem* de serge bleue. — 12 genouillères pour *idem*. — 12 panetières pour *idem*. — 12 corps de serge couleur de bois et 4 trousses de serge jaune garnie de serge rouge.

4 habits de pâtre de satin mordoré et 2 cullottes *idem*. — 2 cullottes et 4 gillets de taffetas rose pour *idem*. — 2 habits et 2 cullottes de taffetas abricots, gillet de taffetas bleu. — 4 habits de taffetas blanc et 4 gillets garnis de boutonnières rozes. — 1 habit de taffetas rose à bandes noires doublé de taffetas noir, ledit habit étoit un habit de berger doublé de toille, et a été dénaturé pour faire un habit de bohémien, doublé de taffetas noir et garni de ruban noir sous l'administration de la citoyenne Dorfeuille.

2 habits de taffetas blanc, gillet et garniture rose. — 2 habits de taffetas blanc, gillet et taffetas bleu. — 3 habits de taffetas blanc, gillet et garnitures blanches. — 1 habit et 1 cullotte de satin ____ chair, gillet de satin blanc et boutonnière ____. — 2 habits de taffetas mordoré, retroussi et ceinture de satin moucheté.

4 habits de Durance mordorée garnis de ruban jaune, doublés de papeline jaune, ceinture de croizé de soye jaune provenant de 4 juppes de Durance prises dans le magazin sous l'administration de la citoyenne Dorfeuille et refaits par elle. — 2 habits grecs de Durance bleue garnis de bandes d'or. — 1 habit espagnol, mantau et cullotte de satin brun garnie de limasson or, doublure et écharpe de taffetas jaune. — 1 habit espagnol et sa cullotte bouffante en satin pistache. — 1 habit espagnol, cullotte et manteau de satin prune garni de limasson or, doublure et ceinture de taffetas jaune.

1 habit espagnol, cullotte et manteau de moire noire garni de limasson or doublé de taffetas cramoizi. — 1 habit espagnol, cullotte reins graves, manteau de satin chair garni de satin bleu garni de paillon bleu et argent. — 1 habit espagnol reins graves et manteau de gros de Naples pistache, cullotte de satin blanc, le tout garni de tresse argent. — 1 habit espagnol et 2 cullottes et manteau de satin blanc garni de limasson or.

1 habit espagnol, de satin blanc, manteau et reinsgraves de satin bleu, second manteau de satin blanc. — 1 habit de satin blanc et son manteau doublé de gaze d'argent, le tout garni de limasson argent et boutonnières de paillon bleu.

2 trompes d'ausier garnies de toille dorée. — 18 maches de ____ garnies d'étoffe ____. — 2 trompes de bois garn____. — 4 armoires, dont 2 à double____ à coullisses, garnies de leurs portementaux et leurs crochets et treingues en fer. — 7 portementaux à pied ____. — 12 lances de bois garnies de fer-blanc. — 12 javellots de bois garnis de fer-blanc. — 3 coffres et une commode de bois de sapin. — 1 petit rouet et 3 quenouilles.

Second magazin des habits.

20 robes de serge écarlatte pour les ci-devant conseillers. Et le citoyen Chauvaud a observé qu'il y en avoit 21 au magazin, mais qu'une a été

donnée sous l'administration du citoyen Brochard pour une fête civiqué et n'est plus rentrée dans le magazin. — La robe du Preses de camelot écarlatte, le devant de soutane de Durance blanche et une petite robe de serge écarlatte d'enfant, toutes les robes garnies de toille herminée.

5 carquois de carton doré. — 2 bannières de taffetas blanc garnies de franges d'or. — 1 écritau en taffetas blanc. — 5 draperies de toille tigrée. — 1 mante de toille tigrée. — 6 habits de nègre, demi-corps noir, draperie de peluche tigrée. — 12 habits de sauvages de toille tigrée, demi-corps de Durance couleur de chair. — 2 *idem* en taffetas tigré. — 2 *idem* en Durance blanche, draperie de toille tigrée. — 1 *idem* corps couleur de chair et draperie tigrée.

8 habits de hohemienes de Durance roze, garnis de Durance noire, gallon argent et paillettes. — 13 habits d'amasonne garnis de gallon d'argent. — 1 *idem* garni de gallon. — 4 juppes et 4 carracos de cosacs de Durance bleue, garnis de toille tigrée et limasson argent. — 1 *idem* en satin bleu garni de petit velours noir et paillettes. — 4 habits d'amasonnes. — 4 juppes de Durance jaune, veste et doublure de papeline bleue, garnis de limasson en argent. — 1 *idem* de première danseuse de papeline bleue.

4 habits pour homme et 4 cullottes de Durance jaune, veste bavaroise et doublure de papeline bleue garnie de paillete argent. — 1 *idem* de premier danseur de papeline bleue. — 4 habits d'amasonnes de Durance blanche. — 4 juppes bavaroises, doublure et garniture de papeline bleue garnie de limasson or. — 1 *idem* de première danseuze de taffetas blanc bavaroise et doublure et garniture de satin gros bleu garni de pailleté or.

8 doliments et 8 cullottes de taffetas bleu à la turque, 8 draperies de taffetas abricot, le tout garni de bandes argent. — 4 doliments d'homme *idem* de taffetas bleu garnis de gaze blanche et mouches noires. — 2 cullottes à la turque de taffetas vert pome doublé de toille roze. — 4 juppes de serge mordorée. — 4 corssets *idem*, demi-corsset et garniture de juppe de Durance jaune. — 1 *idem* de première danseuse de Durance mordorée. — 4 juppes de paysane et 4 corssets de Durance lila garnis de ruban jaune.

1 juppe de femme de satin jaune, bande et manteau de satin noir,

corsset de satin bleu garni de ______. — 1 habit de femme ______ taffetas brun, doublure ______ satin rose garni de limasson argent, bouttons blancs. — 1 petit habit de femme de taffetas mordoré, veste et doublure de taffetas ______ rose garni de limasson argent. — 1 carracau et 1 cullotte d'enfant de satin gris, ceinture de satin blanc.

4 habits de femme. — 4 juppes de serge mordorée, veste et doublure d'habit de taffetas chair. — 4 habits de mattellots de serge mordorée, doublure et bavaroise de toille rose garnis de limasson argent. — 4 mantes de chevalier de satin rose doublées de taffetas blanc. — 4 *idem* de satin bleu. — 3 *idem* de satin bleu garnies argent. — 1 *idem* de satin blanc doublée de satin bleu, garnie de limasson or. — 1 *idem* de satin jaune. — 1 mante de satin moucheté doublée de taffetas coquelicau.

1 mante de gros de Naples bleu doublée de taffetas blanc, garnie de point d'Espagne argent. — 1 *idem* de satin feu garnie de point d'Espagne or. — 1 *idem* de satin cramoizi doublée de taffetas blanc, broderie de pailletes or. — 1 mante de peluche brune doublée de satin feu. — 1 mante de satin jaune doublée de satin feu. — 1 mante de peluche de cotton tigré doublée de taffetas couleur de chair.

8 cuirasses de chevalier, manches ______ de ras de castor chamois, doublure ______ Durance bleue, les mantes doublées ______ blanche et leurs cuissards ______. — 5 écharpes de Durance bleue garnie de frange argent. — 6 cuirasses de toille gris de fert garnies de limasson or. — 3 cuissards. — 1 cuirasse de satin gris de fer garnie de limasson or, les basques de ras de castor chamois doublées de satin bleu, dont deux paires de basques et deux bouts de manches ont été faits sous l'administration de la citoyenne Dorfeuille.

1 cuirasse de femme de moire d'assier garnie de pailletes argent. — 1 *idem* de satin fert garnie de pailletes en or. — 2 petits habits d'enfant de serge jaune. — 2 cuirasses et 2 cuissards de toille gris de fer, garnis de limasson argent. — 1 mante et ceinture de Durance cramoizie garnies de limasson argent et frange. — 2 paires de guêtres de satin gris de fer garnies de paillete argent et l'autre or.

1 cuirasse pour Sacro Gorgon de moire de fer et serge rouge, demi-cullotte de serge verte, le tout garni de limasson or. — 1 gilet espagnol

et sa cullotte de serge jaune garnie de bouffette rouge. — 1 habit d'amasonne et sa juppe de ras de castor chamois _____ taffetas bleu garni de _____ . — 1 habit d'amazonne _____ brun, doublure et veste de satin blanc. — 1 habit d'amasonne et sa juppe de ras de castor mordoré, veste et doublure de taffetas bleu.

4 habits de drap de chamois, gallon en or, dont deux doublés de Durance bleue, un de satin noir garni de gallon argent, un doublé de satin violet. — 1 habit de chevalier de ras de castor jaune doublé de taffetas bleu. — 2 *idem* de femme de ras de castor chamois doublés de taffetas bleu, le tout gallonné en or. — 5 cullottes de ras de castor chamois et une cullotte de drap jaune.

6 juppes de Durance couleur de chair et 8 corsets. — 8 corps de serge couleur de bois garnis de tresse noire. — 8 draperies de serge jaune garnies de tresses de laine bleue, sous la direction de la citoyenne Dorfeuille. — 1 mante de moire d'or doublée de taffetas jaune, dont 3 corssets de diférentes couleurs. — 2 gillets et 2 cullottes de Durance couleur de chair. — 2 mantes de Durance bleue garnies de gaze d'argent. — 4 juppes de Durance cramoizie. — 2 tabayolles de serge mordorée.

Et attendu qu'il est une heure, nous, juge de paix, avons renvoyé la continuation du présent inventaire [à après demain] _____ neuf heures du matin.

5e Vacation (24 ventôse an III).

Suite du second magazin des habits.

1 habit de matellot de satin rayé blanc et lilla garni de ruban *idem*. — 1 *idem* de taffetas vert pome, gillet de taffetas blanc. — Un autre *idem* de taffetas roze garni de cocardes noires, gillet de taffetas blanc. — Un autre *idem* de taffetas roze garni de ruban roze jaspé, gillet de taffetas blanc. — 1 *idem* de taffetas vert pome, gillet de taffetas blanc.

1 habit de mattellot prevençal et sa cullotte de taffetas mordoré garnie de limasson argent. — 1 *idem* de taffetas _____ gillet de satin rose. — 1 habit de figaro et _____ vert, doublure et gillet de satin feu garni de petits bouttons blancs. — 1 *idem* et sa cullotte de musulmanne roze, doublure et gillet de taffetas noir. — 1 bonbé et sa cullotte de taffetas gris

garni de ruban roze. — 1 habit et sa cullotte de taffetas gris, doublure et gillet de taffetas roze. — 1 habit et sa cullotte de satin carmélite, doublure et gillet de satin roze garni de ruban rayé. — 1 habit et sa cullotte de taffetas blanc garni de ruban roze.

1 habit et sa cullotte de taffetas mordoré, gillet de taffetas roze. — 1 habit de taffetas bleu, veste et doublure d'habit de taffetas jaune. — 1 gillet et une cullotte de taffetas couleur de chair. — 4 gillets de taffetas blanc, un bonbé et une cullotte de taffetas blanc garnis de ruban roze. — 1 habit de taffetas bleu, gillet et doublure de taffetas blanc garni de cordon argent.

1 habit de taffetas roze, gillet blanc garni de ruban noir. — 1 petit doliment de taffetas bleu garni de dantelle d'argent et ruban noir. — 1 doliment de taffetas bleu garni de poil brun, gillet de taffetas blanc. — 1 habit de Collin de satin gris bleu ——— ruban blanc, gillet et cullotte ——— blanc. — ——— habit de Monmus de taffetas bleu. — ——— de Grelo, cullotte de taffetas blanc.

1 habit et sa cullotte de satin roze, gillet de satin blanc. — 1 habit de taffetas rose, gillet et cullotte de taffetas blanc, bouttons et boutonnières noires. — 3 cullottes de satin blanc. — 1 cullotte de satin bleu. — 1 écharpe de satin blanc. — 1 *idem* de satin noir. — 1 *idem* de satin feu. — 1 *idem* de satin prune. — 15 *idem* de taffetas de diverses couleurs. — 15 bavouettes de Durance noire garnies de ruban de diverses coulleurs. — 1 domino de taffetas noir. — 1 *idem* de taffetas bleu. — 1 *idem* de taffetas mordoré. — 3 *idem* de taffetas blanc. — 1 *idem* de taffetas bleu. — 1 *idem* de musulmanne roze. — 2 *idem* de taffetas cramoizi. — 2 *idem* de musulmanne mordorée. — 2 *idem* de taffetas blanc. — 2 *idem* de taffetas pistache. — 3 *idem* de pou de soye gris. — 2 *idem* de musulmanne grise.

1 fourreau de musulmanne blanche. — 1 robe de papeline noire garnie de paillons argent. — 1 *idem* de Durence blanche. — 1 juppe de taffetas jaune, bande et carraco de taffetas mordoré. — 8 carracos d'allemande de Durence bleue, corsset de Durence cramoizie garni de ruban de fil blanc. — 1 juppe et 1 corsset de satin roze, bouffete de satin blanc, garnie de dantelle argent. — 1 habit de négresse composé d'une juppe et

corsset de satin vert, seconde juppe de satin roze, bonbet de moire d'argent garnie de paillon de couleur.

1 juppe et 1 corsset de Durence bleue garnie de ruban jaune. — 1 fourreau d ______ 3 corssets à ______ et taffetas. — 1 corsset de taffetas et ses basques. — 1 *idem* de satin. — 1 fourreau et 1 corsset de satin gris. — 1 draperie et 1 corsset de satin jaune, bande verte, garni de limasson argent et paillettes. — 1 juppe de Durence jaune, corsset et draperie de Durence lila. — 1 juppe et 1 corsset de satin chair, draperie de satin brun bordé de satin feu. — 1 juppe et 3 corssets de taffetas jaune et son tablier garni de ruban noir. — 1 juppe et 2 corssets de taffetas bleu, petit manteau *idem*, manches et tablier de taffetas jaune garni de bouffette. — 5 carracos de femme de Durence bleue, corssets de Durence roze garnis de petits bouttons blancs.

4 juppes de Durence mordorée garnies de ruban jaune. — 1 bonbé de Durence mordorée, corsset de Durence roze garni de petits bouttons blancs. — 4 juppes de Durence bleue garnies de ruban roze. — 4 carrocos de femme de Durence mordorée, corsset jaune. — 1 corsset de Durence grise. — 1 *idem* de Durence bleue. — 4 habits allements et 4 cullottes de Durence bleue, doublure et veste de Durence rouge garnis de ruban de fil blanc.

2 habits de figaro et 2 cullottes de Durence verte, gillet et doublure de Durence écarlatte, bouttons blancs. — 4 *idem* de Durence bleue, gillet roze, le tout complet. — 4 *idem* de Durence mordorée complets. — 2 *idem* de Durence roze, gillet bleu complet. — 1 *idem* de Durence mordorée. — 1 *idem* d'enfant de Durence bleue.

10 ceintures de Durence de différentes couleurs. — 8 habits de mattelots et 8 cullottes d'indienne rayée noir et blanc. — 4 habits hollandois et 4 ______ mordoré garnis de bouttons ______ taffetas roze. — 4 corps de Durence couleur de chair. — 4 casaques et 4 cullottes de Durence mordorée, gillet de Durence gris bleu, manches chair. — 1 *idem* de premier dansseur de Durence lila, gilet de Durence jaune.

4 habits de *Guillaume Tell* de camelot et de serge de différentes couleurs. — 1 *idem* d'enfant. — 4 petits habits d'enfant et 4 cullottes de Durence grise. — 1 *idem* de serge chamois. — 4 petits habits de Béhar-

nois et 4 cullottes de camelot carmélite et bleu. — 1 *idem* de Durence lila. — 1 *idem* de Durence jaune. — 1 autre *idem* de Durence lila. — 1 petit. habit d'enfant et sa cullotte de Durence jaune.

1 habit de Béharnois de papeline grise, gillet et cullotte de Durence écarlatte. — 1 *idem* de Durence roze, cullotte de Durence bleue. — 12 habits de Béharnois et 12 cullottes de Durence de différentes couleurs. — 3 habits de Béharnois de papeline grize, cullotte écarlatte. — 1 *idem* de papeline et sa cullotte. — 1 *idem* de crépon et sa cullotte. — 35 barrets de Durence et de serge olive, gillet de camelot rouge.

3 vestes d'uniforme de ras de castor blanc. — 1 habit de paysan et sa cullotte de serge olive, veste de serge rouge. — 1 *idem* et sa cullotte de serge brune, veste de serge rouge.

1 habit et sa cullotte de paysan de serge olive. — 1 *idem* de serge sans ullotte. — 6 doliments d'enfant et leur soubreveste de satin de diférente ______ . — 8 turbans de ______ Durence mordorée. — 1 petit fourreau d'enfant de Durence grise. — 1 doliment de femme de satin roze garni de gaze d'argent. — 1 *idem* de satin lila doublé de satin jaune. — 1 petit habit d'enfant de Durence mordorée. — 1 cullotte de satin vert pome. — 1 doliment de taffetas lila garni de dentelle or.

1 doliment de musulmanne roze garni d'une gaze d'argent de perle. — 1 doliment de satin blanc. — 1 doliment de satin roze doublé de taffetas blanc. — 1 doliment de satin vert doublé de taffetas blanc. — 1 draperie à la turque de satin roze et son corsset. — 2 draperies de gaze blanche. — 1 calsson à la turque de satin blanc. — 1 *idem* de taffetas blanc. — 1 robe de femme de transvestissement de musulmanne capucine. — 1 doliment de satin prune doublé de taffetas blanc.

1 queüe de fourreau de satin mordoré et trois corssets. — 1 habit d'esclave et son corsset de satin carmélitte, écharpe de satin blanc. — 1 habit à la greque composé d'une juppe de satin noir doublé de toille, tunique de satin noir, mante *idem*.

1 tunique de satin blanc uni. — 1 *idem* de satin blanc garnie de dantelle or. — 1 *idem* de satin blanc garnie de dantelle argent. — 1 *idem* de satin blanc garnie de frange or. — 1 paire de manches de taffetas blanc garni de perles. — 1 fourreau et son corsset de satin mordoré. —

1 tunique de satin vert garnie de frange or. — ______ tunique de satin abricot garnie de frange argent. — 1 juppe de satin blanc garnie de frange or. — 1 *idem* de moire d'or garnie d'une bande de satin vert, dentelle argent.

1 draperie de femme de satin vert pome, à bande d'or, et 2 corssets, et une autre idem de satin blanc. — 1 mante de satin ponceau doublée de satin lila garnie de dentelle d'argent. — 1 mante de satin cerize garnie de dentelle d'argent. — 1 mante de moire or et argent doublée de taffetas vert pome. — 1 mante de satin blanc doublée de taffetas *idem*, garnie de dentelle d'argent. — 1 *idem*, *idem*.

1 mante de satin cramoizi doublée de satin blanc garnie d'un gallon or. — 1 mante de satin bleu doublée de satin abricot, garnie de dantelle d'argent. — 1 *idem* de satin vert pome doublée de satin abricot, garnie de limasson d'argent. — 1 mante de satin ponceau doublée de satin vert, garnie d'une dantelle or, le citoyen Chauvaud, a observé Brochard, a fait ôter la première dantelle pour en faire mettre une neuve pour le début de la citoyenne Gasse.

1 tunique de satin blanc garnie de frange d'or. — 1 mante de satin cramoizi doublée de satin blanc garnie d'une dantelle or. — 1 mante de satin blanc garnie de dentelle d'argent et une tunique. — 1 tunique de crêpe noir. — 1 queue de fourreau et sa chemisette de papeline grise.

L'habit de Lahéne, composé d'une juppe en satin vert, d'une tunique ______ cullotte de taffetas feu ______ noir, mante de satin noir doublée de satin feu, le tout garni de paillon de couleur et dentelle or.

Attendu l'heure tarde avons renvoyé la continuation du présent inventaire à demain neuf heures.

6e Vacation (25 ventôse an III).

Suite de la seconde salle des habits.

6 faissaus d'armes en fer-blanc. — 4 habits espagnols de Durence bleue. — 4 manteaux *idem* et 5 cullottes *idem*, le tout galloné en argent. — 2 *idem* d'enfant. — 1 habit d'enfant et sa cullotte de satin lila bordé de tresse argent. — 1 habit et reinsgrave de satin lila, manteau de satin brun garni de poil. — 1 second manteau de satin lila garni de den-

telle argent. ——— corps et un reingrave de satin prune. — 1 *idem* de satin gris bleu. — 1 *idem* de satin gris.

2 trousses de serge verte. — 1 *idem* de serge écarlatte. — L'habit de Lahire de Durence de différentes couleurs. — 2 habits espagnols de Durence grise, l'un doublé de Durence roze et l'autre de satin. — 1 robbe de satin noir. — 2 devants de soutanne de satin cramoizi, tenant après deux barrets de satin. — 1 mante de satin ponceau doublée de satin blanc. — 2 vestes et 2 cullottes espagnolles de satin gris. — 1 robe, 1 gillet et 1 cullotte de serge écarlatte, bordure et ceinture gros bleu.

5 cullottes de satin blanc. — 12 ceintures de Durence blanche garnies de frange d'or. — 1 reingrave de satin jaune. — 1 *idem* de taffetas jaune garni de bandes de satin serize, limasson or. — 1 cullotte à reingrave de drap chamois garnie de satin noir, limasson or. — 2 habits espagnols et 2 cullottes de satin gros bleu, bouffette et 1 manteau de satin souci. — 1 habit et sa cullotte de velour cramoizi, manteau de satin *idem* garni de gallon d'argent. — 1 habit espagnol, sa cullotte reinsgrave et manteau de Durence noire. — 1 habit espagnol, cullotte reingrave et manteau de Durence noire doublé de satin serize.

1 habit espagnol et sa reingrave et manteau de satin noir doublé de satin paille, le tout garni de tresse. — 1 habit espagnol reingrave de satin blanc garni de dentelle ———. — 1 habit espagnol et sa reingrave et manteau de satin roze garni de dentelle d'argent et cullotte de satin blanc. — 1 manteau de satin gros bleu doublé de peau blanche. — 1 *idem*. — 1 robe de Durence cramoizie.

1 habit espagnol reingrave et manteau de satin blanc garni de dentelle d'argent. — 1 habit espagnol, manteau et cullotte de satin prune doublé de taffetas souci. — 1 manteau espagnol de moire d'argent. — 1 cullotte de satin cramoizi. — 1 habit espagnol, cullotte et manteau de satin prune doublé de satin junquille.

1 habit espagnol et sa cullotte de satin mordoré, bouffette de satin souci, habit, cullotte et manteau de droguet de soye, bouffette de taffetas souci, garni de limasson or. — 1 habit espagnol, cullotte, manteau et barret de gros de Naples ponceau doublé de satin blanc.

1 habit *idem*, cullotte et manteau de satin cerize garni de tresse d'ar-

gent. — 1 *idem* de satin cerize complet. — 1 habit espagnol et sa cullotte reinsgrave et manteau de satin roze garni de tresse d'argent. — 1 habit de suisse et sa cullotte et son barret de serge écarlatte à bande bleue garni de ruban de fil blanc. — 1 *idem* couleur feuille morte, bande verte. — 5 baudriers de satin et taffetas de diférentes couleurs. — 4 ceintures de cuir, boucles de cuir. — 6 habits de Béharnais, 6 reinsgrave et 4 manteaux de serge bleue, veste de serge jaune, le tout garni de ruban de fil blanc.

4 corps de soye couleur de chair. — 1 tunique et 1 manteau de Durence lie de vin garni de jaune, cullotte et corps de camelot couleur de chair. — 1 habit à la greque, cullotte et mante de Durence mordorée. — 1 *idem* de Durence grise garni de Durence jaune.

L'habit de L'Eard composé d'un doliment de camelot gris, soubreveste de Durence jaune garni de dantelle or. — 1 cuirasse de cuir chenillée en noir. — 1 habit à la greque et sa mante de satin ponceau doublé de toille de cotton tigré. — 1 habit à la greque de satin mordoré. — 1 tunique de serge rouge garnie de frange de leine *idem*. — 1 *idem* de toille verte. — 1 *idem* de serge grise. — 1 *idem* de serge mordorée. — 1 mante et sa cullotte de toille cramoizie doublée de toille jaune. — 2 mantes et 2 ceintures de serge olive. — 1 mante et sa ceinture de serge bleue.

2 mantes de toille tigrée doublées de satin roze. — 1 mante de taffetas tigré doublée de taffetas vert. — 1 mante de taffetas tigré. — 1 mante de satin roze doublée de toille tigrée. — 1 mante de satin cramoizi doublée de toille tigrée. — 1 mante de satin roze ______ taffetas vert. — 1 mante de satin gros ______ doublée de satin roze. — 1 mante de satin cerize doublée de satin blanc garnie de gallon d'or. — 1 *idem* de satin cerize doublée de taffetas blanc. — 1 *idem* doublée de taffetas blanc. — 2 mantes de papeline coquelicot doublées de taffetas blanc. — 2 mantes de satin cramoizi doublées de taffetas blanc. — 1 *idem, idem*. — 2 mantes de satin cerize doublées de taffetas blanc, une garnie de poil blanc. — 1 mante de satin bleu doublée de peluche de soye tigrée.

1 cuirasse de satin gris de fer écaillée en or. — 1 mante de satin cramoizi doublée de peluche de soye tigrée. — 1 mante de peluche tigrée. — 2 cuirasses de crépon et leurs lembrecains garnis de tresse d'or. —

1 cuirasse et ses lembrequins de crépon écaillée de cordon d'or, draperie et manches rondes de satin cramoizi.

1 habit à la greque de satin gros bleu doublé de satin jaune. — 1 habit à la greque de satin gallette rayé jaune et lilla. — 4 habits à la greque de Durence verte garnis de bandes d'argent. — 1 habit à la greque de satin jaune. — 1 *idem* rayé blanc et rouge. — 1 *idem* de satin gallette blanc et vert.

1 habit à la greque de satin mordoré à bande d'or. — 1 *idem* de satin brun, bande d'argent. — 1 *idem* à la greque de taffetas blanc. — 1 mante de Durance jaune doublée de toille. — 1 mante de peluche noire doublée de toille rouge. — 1 habit de guerrier de crépon, draperie de satin cerize. — 1 *idem*, draperie de satin blanc. — 1 *idem* de moire bleue, draperie verte. — 1 habit de guerrier de moire d'assier, draperie de satin cramoizi. — 8 cuirasses de toille noire garnies de tresse argent.

1 habit de drap chamois brodé en or, mante et doublure de satin bleu doublé de peluche de soye. — 1 cuirasse et ses cuissards de satin gris de fer garnie de pailleté argent. — 1 *idem* garnie de tresse or et ses cuissards. — 1 *idem* et ses cuissards, basques de ras de castor chamois doublé de satin cerize le tout gallonné en or. — 2 cuirasses de toille garnies de tresse or. — 1 cuirasse de crépon, ses cuissards garnis de tresse or. — 1 habit de drap chamois gallonné en or, retroussi de satin noir. — 1 cuirasse et ses cuissards de satin gris de fer, retroussi de drap chamois doublé de satin bleu, garni de pailleté or.

1 cuirasse et ses cuissards de satin gris de fer garnis de tresses ______ de ras de castor chamois ______ satin bleu. — 1 habit de drap chamois doublé de satin bleu. — 1 habit de drap chamois gallonné en or doublé de satin bleu. — 1 habit et sa cullotte de petit drap chamois galloné en or fin. 7 habits de drap chamois gallonés en or, retroussi de Durence roze. — 1 habit de ras de castor chamois galloné en or doublé de satin cerize. — 1 *idem* de drap chamois doublé de satin bleu.

14 écharpes de satin blanc à franges d'or. — 4 habits et 4 cullottes de serge jaune garnis de limasson or, doublés de Durence roze. — 4 habits de drap chamois gallonés en or, doublés de Durence roze. — 4 *idem* de drap chamois gallonés en or, doublure de Durence cramoizie. — 8 cein-

tures de satin cerize garnies de frange d'argent. — 9 cullottes de drap chamois et 3 de serge, 1 de ras de castor. — 3 habits de drap chamois gallonés en or, doublure de Durence de différentes couleurs.

2 habits de ras de castor, l'un doublé de serge rouge et l'autre de satin rose. — 4 cuirasses de crépon et 4 cuissards retroussi de ras de castor chamois, le tout galloné en or. — 1 cuirasse et 2 cuissards de toille gris de fer, retroussi de serge chamois galloné en or. — 2 cuirasses de toile noire, retroussi de ras de castor chamois, l'une doublée de Durence et l'autre de satin roze, le tout galloné en or.

1 cuirasse et ses cuissards de toille noire, retroussi de ras de castor chamois, doublé de ras de castor roze, le tout galloné en or. — 1 cuirasse et ses cuissards de crépon, retroussi de ras de castor chamois galloné en or.

5 cuirasse de toille noire gallonées en argent. — 1 mante de Durence blanche. — 1 juppe, sa draperie et 2 corssets garnis de bandes de satin bleu. — 1 draperie de Durence blanche et 3 corssets *idem*. — 9 cuirasses de toille noire gallonées en argent. — 5 lembrecains de toille noire gallonés en argent. — Un autre corsset de taffetas blanc garni de bleu. — 1 doliment de satin gris doublé de toille rouge. — 4 cullottes de Durence blanche.

L'habit d'Haly composé d'un doliment, d'un gillet et d'une cullotte à bande roze et jaune. — L'habit d'Azor composé d'un doliment de satin cramoizi et deux soubrevestes de satin vert, manches de peluche tigrée. — 2 pantallons de cotton tigré, ceinture de satin rouge. — 1 doliment et sa cullotte de satin cramoizi doublé de taffetas vert. — 1 doliment de serge grise, gillet et cullotte de serge rouge, écharpe ______ noire. — 1 doliment de satin prune ______ taffetas vert garni de poil blanc, cullotte de satin blanc à bandes d'or, soubreveste de moire or et argent, ceinture de paillon de couleur.

1 doliment et sa cullotte de soye verte garni de poil blanc, soubreveste de satin jaune flembé. — 1 doliment et cullotte de satin chair, soubreveste de satin blanc, le tout garni de broderie et paillettes argent. — 1 doliment et sa cullotte de satin bleu garni de poil brun, soubreveste de satin chamois. — 1 doliment de musulmanne cramoizi garni de poil brun doublé

de toille jaune. — 2 doliments de satin cramoizi doublés de taffetas blanc, brodés en pailleté or.

1 doliment d'étoffe verte, fleurs d'or fin doublé de Durence verte. — 1 doliment de damas vert, fleurs or et soye fine. — 1 *idem* de damas vert, fleurs or fin, garni de poil brun doublé de taffetas blanc. — 1 doliment de satin cerize doublé de toille blanche. — 1 *idem*, bordure de molton de cotton noir. — 2 doliments de satin vert doublés de toille blanche, bordure de peluche de leine blanche. — 2 doliments de Durence bleue, bordure de peluche de leine blanche.

1 doliment de satin jaune doublé de taffetas blanc. — 1 *idem* de satin cramoizi doublé de toille verte. — 1 doliment d'étoffe à bandes or et argent garni de paillons de couleur doublé de taffetas vert.

1 soubreveste d'étoffe brochée or fin doublée de satin jaune. — 1 soubreveste de damas blanc et or fin. — 11 soubrevestes de satin et d'étoffes de diférentes couleurs. — 9 cullottes à la turque de satin de diférentes couleurs —— *idem* de canelé vert et une de musulmanne cramoizi. — 1 tunique de Durence cramoizie et ses manches et une juppe de Durence verte, sa mante de Durence noire, le tout garni de gaze or et argent et chenille noire.

1 habit de bohémien et sa mante de Durence noire, doublure et cullotte de Durence cramoizie, garni de tresse or et argent. — 1 *idem* de Durence noire seul garni de tresse or et argent. — 2 robes de magissien de Durence bleue garnies de moire bleue et de carractères. — 1 doliment de soye feuille morte servant dans les *Deux Avares*.

Attendu l'heure tarde, nous, juge de paix susdit, avons renvoyé la continuation du présent inventaire à demain neuf heures.

7e Vacation (26 ventôse an III).

Suite de la seconde salle des habits.

1 domino de papeline bleue. — 4 bonbés, 4 cullottes, 4 ceintures de Durence mordorée, 4 gillets de Durence blanche tenant avec garnis de ruban blanc et mordoré. — 4 bonbés de Durance jaune garnis de ruban noir. — 4 gillets et 4 cullottes de Durence bleue garnis de ruban noir et

jaune. — 1 habit d'enfant de satin noir, gillet et cullotte de satin roze. — 1 doliment d'enfant et sa cullotte de satin gris perle, gillet de satin vert garnis de dentelle d'argent.

1 habit et sa cullotte de taffetas chair, garniture et gillet de taffetas jaune. — 1 habit d'enfant et sa cullotte de taffetas bleu garni de ruban noir et dentelle d'argent. — 3 habits d'enfants de taffetas roze, 2 cullottes blanches et 1 roze, garniture et ceinture de taffetas bleu. — 1 habit d'enfant de satin vert, gillet et cullotte de satin jaune mouchetté garni de dentelle d'argent. — 1 habit de taffetas bleu, gillet de taffetas jaune, cullotte bleue, seconde cullotte de ______ chair. — ______ petits habits d'enfants de serge blanche garnis de ruban roze.

1 habit et sa cullotte de Durence grise, boutonnière rouge, gillet de prunelle rayé blanc et bleu. — 1 habit et sa cullotte de ras de castor gris, boutonnières et gillet bleus. — 1 habit et cullotte de serge canelle, veste de serge rouge. — 1 habit de crépon et 2 cullottes, gillet de serge rouge. — 1 habit, gillet et cullotte de Durence bleue, bouttons et boutonnières blancs. — 1 habit et cullottes de camelot gris, bouttons et boutonnières noirs. — 1 veste de raz de castor orange, cullotte de raz de castor bleu.

2 habits et 2 cullottes de taffetas lila, gillet de satin blanc.

8 habits, 8 cullottes de taffetas bleu, gillet blanc, dont deux garnis de blanc et six de roze. — 6 habits et 6 cullottes de taffetas mordoré, gillets de taffetas blanc garnis de ruban blanc. — 2 cullottes de satin blanc et 1 roze. — 4 écharpes de taffetas vert pomme, 3 de taffetas lilla, 4 de taffetas mordoré.

23 cullottes de taffetas blanc. — 4 habits de taffetas roze, gillet blanc garni de ruban blanc. — 8 habits de taffetas roze garnis de ruban bleu. — 6 gillets de drap de cotton blanc, manches de taffetas blanc. — 2 habits de meunier de serge blanche garnis de ruban bleu. — 1 *idem* uni, 1 *idem* garni de ruban roze. — 1 habit de barraca ______ boutons et boutonnières. — 2 vestes de serge brune.

3 habits de pierrot de raz de castor blanc complets. — 1 *idem* de serge. — 14 habits de meunier et 10 cullottes de serge blanche. — 4 habits, veste et cullotte de Durence jaune, boutons et boutonnières bleus. — 4 *idem* lilla, boutons et boutonnières jaunes. — 4 *idem* mordorés, gillets

bleus, boutons et boutonnières blancs. — 4 habits de raz de castor écarlatte galonnés en argent, doublure de Durence blanche.

1 habit de raz de castor bleu doublé de serge blanche. — 1 *idem* même couleur, galonné en or. — 1 habit drap même couleur, galonné en or, veste et cullotte raz de castor citron. — 1 habit gros de Naples bleu, veste et cullotte de taffetas rouge brodé en pailleté or. — 8 habits de Bohémiens et 8 cullottes, retroussi de Durence noire, garnis de limaçon argent et paillettes.

6 écharpes de taffetas tricolor. — 1 habit de raz de castor chamois galonné en or, doublé de satin bleu. — 1 *idem* uni doublé de satin noir. — 1 *idem* doublé de satin gros bleu. — 1 *idem* doublé de satin ardoise et sa cullotte de raz de castor jaune. — 4 habits de raz de castor jaune, doublures et bavaroise de Durance bleue. ______ cuirasses et 4 cuissards de toille de serge, basques de ras de castor écarlate doublées de serge verte. — 8 habits et 8 cullottes de taffetas bleu, gillet de taffetas abricot peint en argent.

4 habits d'enfants et 4 cullottes de Durence verte, gillet de Durence roze garni de dentelle d'argent. — 1 habit de Bohémien de Durence noire garni de dentelle d'argent, cullotte de satin roze. — 1 habit de bohémien et sa cullotte de taffetas roze, retroussi et gillet de taffetas noir garni de pailleté argent. — 1 doliment et sa cullotte de satin cramoizi, soubreveste de satin blanc, le tout brodé en paillon et pailleté or.

1 habit de satin roze, gillet et cullotte de satin vert à bandes rozes garni de paillon vert et argent. — 1 habit et sa cullotte de satin oronge, gillet de satin vert garni de dentelle d'argent. — 2 habits et 2 cullottes de taffetas bleu, gillet et doublure des habits de taffetas jaune, garnis de ruban noir et de dentelle d'argent.

1 doliment de satin mordoré, almanche de limaçon or. — 3 habits et 3 cullottes de satin bleu, gillet de moire d'argent garni de petit velours noir et pailleté argent. — 1 habit et sa cullotte de satin vert, soubreveste de satin blanc à bande verte garni de chenille et broderie argent. — 1 habit d'esclave et sa cullotte de satin gris garni de limaçon or, doublure de satin feu, gillet de satin blanc. — 1 *idem* et sa cullotte de taffetas mordoré, ceinture de satin bleu zébré, gillet taffetas chair.

4 habits de causaques ——— de Durance bleu ciel ——— et limaçon argent, gillet. — 4 habits, 4 cullottes de Durance mordorée garnis de toille tigrée et moire d'or, 4 gillets de Durance bleue. — 4 habits chinois de Durance cramoizie à bandes d'or, 4 cullottes de Durance verte aussi à bandes d'or, gillet de moire d'or. — 4 habits de livrée de drap vert, doublure de serge cramoizie galonnés en argent. — 1 veste de postillon de drap écarlate galonnée en or. — 1 *idem* de raz de castor écarlate galonnée en argent. — 1 veste de joguet de serge jaune galonnée en or. — 1 *idem* de serge écarlatte. — Une autre *idem* de serge verte. — 1 *idem* d'enfant de serge écarlatte unie.

4 habits et 4 cullottes de nègre en toille noire drapées de toille jaune à bandes rouges. — 4 caracos de Durance jaune garnis de Durance écarlate et limaçon argent. — 2 habits et 2 cullottes de satin chair, gillet de satin vert garni de gaze d'argent. — 6 habits de janissaires de Durance bleu de ciel, cullotte de Durance jaune, gillet de Durance jaune, le tout garni de limaçon argent.

6 vestes de serge bleue, boutonnières rouges et 8 cullottes de sergette rouge. — 1 cullotte de camelot écarlate. — 10 caracos de serge noire et 9 cullottes de serge rouge. — 4 bonbés de bûcheron de Durance mordorée garnis de ruban jaune. — 1 *idem* de premier danseur, un autre *idem* de premier danseur de Durance bleue. — 8 cullottes de toille Cholet roze garnies de bandes jaunes et noires. ——— casaques et 4 cullottes de bûcheron de serge mordorées garnies de bandes jaunes et ruban de fil noir. — 1 habit de coureur de camelot écarlate, retroussi de taffetas vert, doublure et ceinture de taffetas jaune, le tout galonné en argent.

8 vestes et cullottes de camelot lie de vin galonnées en argent. — 5 habits et 5 cullottes de Durance verte doublés de Durance et toile écarlate, boutonnières de pailleté argent.

1 habit de velours ponceau et sa cullotte, doublure et veste de satin blanc, galonné en or. — 1 habit de livrée de serge écarlate, veste de serge jaune galonné en ruban de soye verte et argent. — 1 habit de drap vert galonné en or, doublé de toile de cotton jaune. — 1 frac de drap vert galonné en or, doublure de toile jaune. — 1 habit, veste et cullotte de drap mordoré galonné en argent. — 1 habit de drap chamois garni de

tresse argent fin doublé de Durance cramoizie. — 1 habit de transvestissement de satin à fleurs, doublé de taffetas de Florence roze. — 1 *idem* et sa cullotte de moire d'argent, veste de satin roze garnie de dentelle d'argent.

1 habit complet de raz de castor vert pome, doublure de Durance *idem*, boutonnières or. — 1 habit de Durance verte, doublure du même, galonné en or. — 1 habit de velours noir doublé de satin ponceau à boutons d'or fin. — 1 habit de manège de ______ de Durance écarlate. — 2 habits de dragons de raz de castor, doublure et bavaroise de Durance roze. — 1 *idem*, bavaroise et doublure blanches.

1 uniforme raz de castor écarlate, paremens et doublure jaunes. — 1 uniforme raz de castor blanc, doublure bleue, boutonnières de jaune. — 1 *idem* de raz de castor blanc, doublure et paremens bleus, boutonnières de limaçon or. — 1 *idem* de suisse de serge écarlatte, doublure blanche, parement et bavaroise bleus, boutonnières argent. — 4 uniformes de raz de castor blanc, bavaroise de raz de castor roze. — 1 uniforme de femme de raz de castor blanc, passepoil bleu.

1 uniforme de raz de castor bleu, parements et revers écarlattes. — 1 habit de drap bleu, demi-doublure de serge écarlatte, galonné en or. — 1 habit de raz de castor blanc, doublure et parements rouges, galonné en or. — 1 habit de drap bleu à bavaroises, doublure de serge écarlatte, boutons jaunes.

1 habit de drap bleu à bavaroises, doublure et collet de Durance rouge. — 1 habit de drap bleu doublé de serge écarlatte galonné en or. — 1 habit de drap bleu uni doublé de Durance écarlate. — 1 habit de raz de castor bleu doublé de serge écarlate, boutonnières de tresse or. ______ habit de raz de castor bleu doublé de ______ gallonné en or. ______ habit de raz de castor bleu, doublure de toile écarlate, galonné en or. — 1 habit de camellot bleu doublé de serge écarlatte, galonné en or. — 1 veste et 1 cullotte drap écarlate galonnées en or. — 1 veste et cullotte raz de castor écarlate galonnées en or.

5 vestes et 1 cullotte de serge écarlatte galonnées en or. — 1 veste de Durance écarlate galonnée en or, doublure de toille grise. — 1 veste de Durance écarlate galonnée en argent. — 10 habits de gardes-chasse de

serge verte, veste bavaroise et doublure de Durance blanche. — 1 uniforme suisse de serge écarlatte gallonnée en ruban de fil blanc. — 1 *idem* brodé de paillетté argent. — 1 *idem* de canonier en drap bleu, doublure rouge. — 1 *idem* de raz de castor.

1 habit de camellot bleu doublé de toille écarlatte galonné en or. — 1 uniforme de drap bleu, bavaroise, parements et doublure blanche. — 1 uniforme de drap écarlatte, boutonnières en or, doublure, parements et bavaroise blanche. — 1 uniforme et sa veste de serge écarlatte, doublure de serge jaune, boutonnières de tresse or.

1 bonnet de police de serge écarlatte. — 1 *idem* de serge verte. — 1 *idem* de Durance verte. — 1 uniforme de serge bleue, parements et doublure blanche. — 1 *idem* de ras de castor. — 1 *idem* de serge. — 1 *idem* de drap. — 2 *idem* de drap. — 1 *idem, idem.* — 8 habits de ci-devant gardes françaises de serge bleue ______ Durence, ruban de fil blanc. — 8 habits de Colin. — 8 cullottes serge grise, veste et boutonnières de Durence écarlatte.

Et attendu l'heure tarde, nous, juge de paix susdit, avons renvoyé la continuation du présent inventaire à demain neuf heures du matin.

8e Vacation (27 ventôse an III).

Suite de la seconde salle des habits.

2 soubrevestes de satin gallette, gillet vert et prune. — 1 désabillé de satin gallette, petite rayeure vert et prune. — L'habit de Mme Thomasseau de satin à fleurs jaunes. ______ 2 casaquins de toille de cotton ______ et 1 robe d'indienne, juppe et casaquin de coton blanc à fleurs de leine. — La robe de chambre du *Malade imaginaire* de satin gallette, gillet et cullotte de satin à fleurs jaunes.

1 habit de coureur et sa trousse de serge écarlatte gallonnée de dentelle argent. — 1 *idem* de camelot, trousse de Durence verte gallonnée en argent. — 3 rodingottes de camelot brun, dont deux bordées de Durence verte, et une gallonée de tresse d'or. — 1 rodingotte et sa barrete de toille prune, perruque tenant après.

1 rodingote et 1 pantallon de cadis brun. — 2 robes de serge noire,

dont une doublée en toille noire. — 1 soutanelle de voille noir. — L'habit de Bartollo et sa cullotte de satin noir. — Les 2 habits de Bayeur de serge noire et chamois. — Les 2 habits de Sauzi de toille jaune et écarlatte complet. — 2 habits d'enfant d'*Arlequin*, de drap. — 1 *idem* de femme de toille peinte. — 2 habits d'Arlequin de drap. — Les 2 habits de petits savoyards de serge brune complet.

L'habit du *Paysan magistrat* et sa cullotte de serge brune, veste de serge rouge chenillée de noir, seconde veste rouge et casaque de serge feuille morte. — L'habit d'Anton ______ de serge rouge. — 1 veste et ______ de satin cramoizi. — 1 cullotte et 1 gillet d'indienne. — 1 robe de sorcier de serge rouge. — L'habit du *Gallérien* et sa cullotte de serge rouge. — 1 robe de femme de satin ______. — 1 robe de chambre et sa ______ satin bleu à fleurs d'argent fin.

1 robe de femme de gaze ______ en or. — 1 robe de chambre, veste de damas blanc brochée en or fin et 1 bonnet de satin prune garni de dentelle or. — L'habit du muet complet de satin rayé blanc et viollet. — La robe de chambre du *Bourgeois gentilhomme* de satin jaune et bleu, fer à cheval de gallon argent, gillet et cullotte de Durence bleue garnie de limasson argent.

1 habit d'Escapin complet de serge blanche garni de ruban vert. — 1 habit à manteau complet de sergette mordorée gallonné de ruban de soye jaune. — 1 *idem* à manteau de serge olive et sa cullotte garnie de ruban jaune. — 1 habit d'Escapin complet de serge verte gallonné de drap cramoizi et tresse argent. — 1 habit d'Escapin complet de toille à carreaux galloné de ruban vert. — 1 *idem* de serge feuille morte gallonné de ruban vert.

1 juppe de serge rouge et 1 casaque d'indienne et son tablier de coton rayé bleu et blanc et bonnet de femme. ______ de camelot écarlatte. — 1 *idem* de ratine prune. — 1 *idem* de serge bleue. — 1 *idem* de serge brune garnie de lizière noire. — 2 manteaux de serge grise. — 1 *idem* de serge bleue. — 2 *idem* de drap écarlatte dont un galloné en argent. — L'habit de Montégu composé d'une mante et d'une casaque de toille grise tigrée. — Seconde casaque et pantallon de molton brun. — L'habit de Porichinelle.

8 vestes de serge jaune gallonnées en argent et sept cullottes. — 1 habit de femme et sa cullotte de musulmane bleue, veste *idem* blanche brodée de soye. — 1 *idem* et sa cullotte de camelot mordoré, veste de taffetas jaune galloné en argent. — 1 *idem* de taffetas vert pome, veste et cullotte de taffetas rose garnies de brandebourg soye et argent. — 1 *idem* de taffetas mordoré uni complet. — 2 idem de ras de castor vert, gillet et cullotte de satin gris de perle. — 1 *idem* de Collin et sa cullotte de taffetas couleur de chair, gillet de taffetas blanc, bouttons et boutonnières noires. — 1 habit de taffetas gris complet garni de ruban roze.

2 habits de femme de Durance et 1 veste de satin ______. — 1 manteau ______. — 1 habit de camelot. — 1 de taffetas changeant. — 1 habit d'abbé de raz de castor noir. Et le citoyen Chauvaud a observé qu'il y avait avec l'habit un manteau de taffetas noir qui fut prêté pour la fête de la Raison, sous l'administration du citoyen Brochard, et qui n'est pas rentré dans le magazin.

1 habit de Crispin et son manteau de ras de castor noir. — 1 habit de Crispin, veste et cullotte et son manteau de toille noire. Le citoyen Chauvaud a observé qu'il y avoit une seconde cullotte de serge noire, qui a été prise par le citoyen Floricourt, sous l'administration du citoyen Brochard.

1 habit, veste et 1 cullotte de serge grise. — 1 habit d'enfant et sa cullotte de camelot bleu, gillet de taffetas gris. — 1 habit d'enfant et sa cullotte de ras de castor gris, gillet de satin gris. — 2 petits habits d'enfant de Durence mordorée complets.

2 habits du *Jugement de Midas* de Durence mordorée, gallonés de ruban de fil jaune, gillets de Durence jaune bordés de ruban prune. — 1 *idem,* gillet de Durence verte, manteau de Durence mordorée. — 1 *idem* sans manteau de Durence, ______ gillet de Durence jaune ______ et sa cullotte de Durance bleue ______ gillet de Durence cramoizie. — 1 *idem* et sa cullotte de Durence bleue garnie de ruban roze, gillet de Durence roze garni de ruban bleu, panetière de Durence jaune. — 1 *idem* et sa cullotte de Durence mordorée, gillet de Durence roze.

1 manteau de taffetas bleu. — La robe de la vielle, dans la *Fée Urgelle,* de toille noire. — 2 petits habits de vielle et leurs corssets de Durence

noire garnis de ruban feu. — 1 mante et 1 tunique de femme de toille noirs. — 4 habits de ci-devant garde-chasse de drap vert, doublure et bavaroise de serge cramoizie.

2 habits d'exempts, de serge bleue, doublure de serge écarlatte. — 3 habits d'uniforme de drap bleu et 1 de serge, doublure et bavaroise de serge rouge. — 2 habits d'invalides de drap bleu, veste et cullotte de serge rouge, dont l'une gallonnée de ruban de fil blanc.

12 habits de lutteurs, corps de Durence couleur chair, draperie de molton de leine brune doublés de toille tigrée, bordure de Durence rouge. — 4 habits de guerriers de toille noire écaillés de tresse ______ draperie de Durence verte. — 10 mantes de molton ______ doublées de taffetas chair. — 13 cullottes de Durence.

13 cullottes de serge jaune. — 3 cuirasses de toile noire ______ de toille jaune et tresse argent. — 1 cuirasse de guerrier de satin gris de fer garnie de tresse argent, draperie de satin jaune garnie de tresse argent. — 1 habit de guerrier et ses lambrequins de satin gris de fer garni de cordon d'or, draperie et mante de satin vert. — 1 *idem* de guerrier, 2 draperies et 2 mantes de satin gris doublé de taffetas Florence mordoré.

2 cullottes de satin couleur de chair et 1 paire de manches. — 1 gillet de satin chair, 1 cullotte de taffetas chair. — L'habit de Cocagne de Durence bleue garni de paillon de couleur, manteau de gaze d'or doublé de ______ bleu ______ de droguet bleu, draperie ______ corsset à fleurs d'argent fin, frange fausse.

9e Vacation (28 ventôse an III).

Et attendu l'heure tarde, nous, juge de paix susdit, avons renvoyé la continuation du présent inventaire à demain neuf heures du matin.

1 habit de drap vert, boutonnières en pailletté argent doublé de taffetas blanc. — 1 habit à l'espagnolle de Durence bleu de ciel bouffeté de satin blanc. — 1 habit d'enfant et sa cullotte de satin blanc doublé de roze. — 1 habit à l'espagnolle de satin blanc, boutonnières de tresse argent, et 2 manteaux de satin roze garni de tresse argent, écharpe de satin roze. — 1 habit de ______ reingrave de satin ______ bleu garni de deux ______ argent.

2 habits de femme à l'espagnolle et ses cullottes de satin blanc, manteau de satin bleu. — 1 veston d'uniforme de ras de castor blanc, parements et collet bleu, basques de toille écarlatte.

1 habit de figaro et sa cullotte, gillet de satin roze, le tout garni de cordon d'argent et de bouttons blancs. — 1 *idem* de satin mordoré et 2 cullottes. — 1 habitet 2 cullottes de taffetas lie de vin garni de ruban bleu, frange de soye *idem,* second corps de taffetas, écharpe de satin bleu. — 1 habit de femme de transvestissement de taffetas gris, seconde juppe de taffetas blanc tenant après.

4 habits et 4 cullottes de figaro en satin blanc, doublure et gillet de satin roze garni de pailleté argent, et 4 écharpes *idem* de satin blanc. — 8 habits de troubadours, 7 cullottes et 8 ceintures de satin blanc, veste et doublure de satin et taffetas roze garnis de dentelle argent.

1 habit à l'espagnolle et 2 cullottes de satin roze, veste de satin blanc, le tout brodé en paillетté. — 1 *idem* de satin bleu, veste de satin blanc. — 4 écharpes de satin vert garnies de franges d'argent. ——— écharpes de satin bleu doublées de ——— couleurs. — 1 sac de satin cramoizi galloné et garni de glans d'or. — 6 habits de Bohémiens, corps de toille noire, draperie de Durence roze, manches couleur de chair, le tout garni de tresse et dentelle d'argent.

1 pantallon de leine de tricot écarlatte. — 1 robe de serge blanche, garniture de Durence roze, 2 ceintures *idem.* — L'habit du grand prêtre du *Capitaine Cok,* composé d'une tunique de Durence jaune à bande écarlatte, frange et ceinture verte, cullotte et manteau de serge blanche, garnis de Durence écarlatte. — 2 petits habits d'enfant à la greque d'indienne rayée jaune garnie de ruban vert et frange.

4 petits habits de mattelot de Durence jaune, doublure et bavaroise bleue. — 4 petites cullottes d'indienne rouge et blanche et 2 petites écharpes de taffetas lila. — 1 gillet de matellot de ratine bleue, cullotte de cotton rayé bleu, draperie et mante de peluche de soye noire doublée de satin couleur de chair.

Draperie et corps de peluche de poil noir doublé de satin feu. — 12 habits ——— de calemande rayé ——— frange de leine bleue et jaune. — 1 *idem* de premier dansseur en satin rayé, frange de soye blanche. —

1 *idem* de premier dansseur de satin, frange et doublure verte. — 5 demi-corps de femme cuirasse. — 4 pièces *idem.* — 4 ceinturons satin et taffetas blanc garnis de tresse or et argent.

6 corssets de femme cuirassés garnis de tresse or et argent. — 4 écharpes de satin bleu. — 1 draperie de satin feu doublée de satin vert garnie de dentelle or. — 1 draperie de satin bleu garnie de dentelle d'argent. — 1 draperie de satin blanc garnie de dentelle or, retroussi de satin lila. — 1 draperie de satin blanc uni. — 1 draperie de satin blanc et son corsset pailleté et brodé or, dessein à la greque.

1 mante de satin lila garnie de dentelle or, mante de satin feu doublée de satin vert garnie de dentelle or. — 1 corsset de satin blanc uni. — 1 écharpe de satin roze. — 1 doliment de satin bleu doublé de satin lila garni de dentelle argent. — 1 draperie d'enfant de gaze d'argent, _____ de taffetas blanc et _____ de satin roze. — 1 corsset de satin bleu garni de dentelle d'argent.

4 habits d'ombre d'enfant et 2 cullottes de durence blanche. — 12 *idem* d'homme et 15 cullottes de Durence blanche. — 4 tuniques de Durence jaune garnies de ruban bleu, tresse argent, et 4 mantes de taffetas bleu. — 6 tuniques de Durence blanche à bandes de gaze d'or, mante de Durance cramoizie. — 12 robes de Durence mordorée garnies de bandes noires et argent. — 16 habits de Durence blanche doublés de toille blanche. — 1 coffre de fouillis compozé de vieux corssets, de vieilles cullottes, de vieux habits de danse, tant d'hommes que de femmes, hors de service. — 1 *idem* compozé *idem.*

1 habit de Momus complet de Durence bleue et jaune. — 2 sacs de toille, des *Fourberies de Scapin* et un troisième remplacé par le citoyen Brochard, attendu que l'autre avoit été par lui prêté pour la fête de la Raison. — 14 habits d'invalides de drap bleu doublés de serge rouge et 24 vestes de tricot blanc, parements bleus, apartenant à la Nation, ayant été empruntés au magazin du fort de la Révolution il _____ ans et qui n'ont _____ été re _____ du depuis.

6 grands coffres, dont un à deux cottés avec tiroir. — 2 commodes. — 12 armoires à placart garnies de leurs rayons ferment avec tarjets, toutes les dittes armoires et coffres contenant tous les effets ci-dessus inventoriés.

10e Vacation (29 ventôse an III).

Magazin des tailleurs.

1 doliment de satin mordoré garni de dentelle or, sa draperie de satin blanc garnie de dentelle or. — 1 doliment de satin bleu broché argent fin. — 1 draperie et 1 corsset de satin rayé jaune et blanc servant dans *Panurge*. — 1 robbe de poille blanc garnie de tresse de soye blanche. — 1 robbe de gros de Naple vert garnie de frange or et paillon de couleur, sa ceinture à pointes de satin blanc garnie de dentelle or.

1 draperie et 1 petite chemise d'enfant de satin jaune mouchetté. — 2 juppes et corsset de satin roze, garniture et ceinture de satin vert pome. — 4 draperies de taffetas changeant garnies de taffetas jaune moir aidé de limasson argent. — 4 corssets *idem*. — 4 cullottes de taffètas jaune pour *idem* et 2 écharpes et 2 bonnets de taffetas vert pour *idem*. — 8 draperies de taffetas bleu et 8 corssets bordés de taffetas roze, moizaïque de limasson argent et 8 cullottes de taffétas roze pour *idem*.

1 fourreau d'enfant de Durence grise. — 1 *idem* de femme. — 1 juppe et un corsset de camelot gris. — 1 juppe et 1 corsset de serge grise. — 1 juppe de serge blanche, corsset de serge grise, manches ——— juppe de toille bl ——— bordée de ruban. — 5 juppes de Durence bleue. — 7 juppes de Durence écarlatte et roze. — 1 de camelot écarlatte. — 1 *idem* de serge écarlatte.

4 juppes de Durence mordorée. — 4 *idem* de Durence jaune. — 2 *idem* de Durence lila. — 2 *idem* d'enfant de Durence cramoizie. — 5 juppes de callemande rayée. — 12 tuniques d'indienne garnies de ruban vert. — 1 draperie et sa chemisette de Péquin jaune rayée de ruban bleu. — 1 *idem* satiné mordoré et bleu frangé jaune. — 1 *idem* rayée gros bleu et pistache, frange de soye gros jaune.

1 draperie et sa demi-chemise de satin vert garnies de dentelle or. — 1 juppe de taffetas couleur de chair. — 1 juppe d'enfant de taffetas blanc. — 1 juppe de satin vert pome bordée de roze. — 1 juppe de satin capucine. — 1 juppe de satin cerize doublée de taffetas blanc. — 1 juppe de satin roze garnie de dentelle d'argent, manté *idem* brodée en paillетté, draperie de satin bleu brodée en argent, frange *idem* pour *idem*. — 1 cors-

set de crépon pour *idem* écaillé en argent, sa ceinture de paillon roze. — 1 habit d'homme de satin bleu, mante de satin roze brodée en pailleté défait.

1 manteau de satin ______ garni de frange ______. — 1 fourreau de satin bleu. — 1 habit d'amazone de femme de taffetas vert changeant. — 2 juppes de taffetas changeant bordées de blanc. — 1 juppe de satin vert pome. — 1 draperie et carraco de taffetas jaune garni de ruban noir et de dentelle d'argent. — 1 tunique de satin vert, frange *idem*. — 2 tuniques de prêtresse de satin blanc garnies de bandes de satin bleu. — 1 tunique de taffetas blanc uni.

1 tunique de taffetas de Florence lila garnie de frange d'argent. — 1 tunique de satin lila uni. — 1 draperie et demi-corps de taffetas vert changeant. — 4 juppes de taffetas mordoré garnies de taffetas tigré. — 1 cuëu de fourreau et son corsset de gros de Naple noir, pièce et basque *idem*. — 1 cuëu et son corsset de taffetas noir.

1 juppe d'enfant de taffetas roze, corsset *idem*, second corsset rayé roze et blanc, et tablier de mousseline blanche. — 1 petit habit à l'espagnolle de satin blanc, écharpe de satin bleu. — 3 écharpes de satin ______ 2 *idem* de satin roze. — 1 *idem* de satin chair. — 3 *idem* de satin paille. — 1 *idem* de satin bleu. — 6 idem de taffetas roze.

7 mantes de satin feu. — 4 *idem* de satin gris de fer. — 4 *idem* de satin gris. — 3 *idem* de satin changeant bordées de bleu. — 1 *idem* de taffetas prune. — 2 *idem* de taffetas bleu garnies de dentelle d'argent. — 5 *idem* de taffetas roze garnies de dentelle d'argent. — 1 *idem* de satin lila doublée de taffetas *idem*. — 2 mantes de taffetas roze et 1 mante de satin blanc doublée taffetas lila. — 1 mante de satin gris. — 1 *idem* de satin gris doublée de taffetas blanc. — 1 *idem* de satin vert doublée de taffetas blanc. — 1 *idem* de satin bleu doublée de satin roze.

2 mantes de taffetas tigré, l'une doublée de taffetas cerize et l'autre de taffetas feu. — 1 mante de taffetas tigré doublée de taffetas couleur de chair. — 2 tuniques de taffetas tigré doublées de taffetas de Florence couleur de chair. — 2 mante de la ______ et leurs pattes doublées de taffetas couleur de chair. — 8 mantes de taffetas tigré. — 2 mantes de taffetas blanc servant pour l'ombre.

2 petits habits d'amour. — 5 draperies d'amour de satin bleu garnies de dentelle argent. — 12 coiëffures golgondoises. — 3 draperies de crêpe vert. — 2 mantes de taffetas vert garnies de gaze d'argent. — 1 fourreau de taffetas gris depésé. — 1 robbe de femme de gros de Naples noir. — 1 draperie et 1 corsset de satin noir. — 1 juppe de papeline noire. — 1 doliment de femme de satin cramoizi. — 1 *idem* vert pome. — 1 *idem* de satin bleu garni de dentelle d'argent. — 1 *idem* d'enfant de satin lilas. — 1 *idem* de taffetas lila bordé de jaune.

1 petite casaque d'enfant de satin prune garnie de chenille d'or. — 5 cullottes de taffetas couleur de chair. — 16 carracos de taffetas de diverses couleurs. — 8 carracos d'indienne rayée blanc et bleu et bordés de ruban bleu. — 1 *idem* de satin rayé lila et vert. — 10 corssets de taffetas et garnis de roze. — 5 corssets de taffetas bleu. — 14 corssets d'enfants de taffetas et de Durence de diférentes couleurs. — 2 corssets couleur de chair.

1 corsset de taffetas tigré. — 33 corssets de Durence et crépon de différentes couleurs. — 3 corssets de satin blanc. — 3 corssets de satin vert. — 3 corssets de taffetas noir. — 1 corsset de satin feu. — 1 corsset de satin lila.

L'habit de femme pour le ballet de *La Paille* composé d'une juppe de callemande rayée, corsset de serge écarlatte, tablier d'indienne rayée jaune, sa cornette et sa chemisette de linon. — 2 petites chemises de toille rousse et 1 cullotte de serge mordorée. — 1 chemise et 1 calsson de toille rousse. — 7 chemises de toille rousse. — 2 vestes de toille de cotton sans doublure. — 4 *idem* avec doublure. — 3 tabliers et 2 vestes pour les cuisiniers, l'une de toille, l'autre de toille de cotton. — 1 toille blanche servant dans l'ombre de la *Parodie d'Ephigenie*. — 13 cullotes de cotton. — 2 petites vestes *idem* sans manches. — 1 veste *idem* à manches. 8 gillets sans manches.

2 paires de guêtres de toille blanche. — 1 aube de femme de Garra. — 1 grande cullotte de toille de cotton blanc faite sous l'administration de la citoyenne Dorfeuille. — 3 tuniques d'enfants et 1 quatrième perdue sous l'administration du citoyen Brochard. — 14 aubes de toille blanche. — 5 bonnets de leine brune. — 2 *idem* rouge. — 2 ceintures de Durence

cramoizie. — 2 paires de gans de Crispin et une paire de guêtres et ses genouillères. — 1 paire de bas de leine canelle. — 2 bottines de carton. — 1 draperie de tambour de serge noire. — 2 bonnets de grand prêtre. — 5 chapeaux noirs, dont un bordé en or.

2 guittares. — 2 musettes de cuir et 1 en toille. — 2 petits côffrets de carton garnis de moire d'or. — 2 corbeilles dorées garnies de guirlandes de vigne. — 2 corbeilles ovalles. — 16 paires de simballes de cuivre. — 8 tambours d'enfants. — 3 trompes d'osier garnie de toille argentée. — 5 petites haches de fer ______ 2 boucliers, dont un argenté et l'autre doré. — 1 feaux de fer blanc.

2 chandeliers d'étolle et 1 carré en bois. — 3 pioches de bois. — Les trois marteaux et les deux pein ______ des *Deux Avares* tout en bois. — 5 marteaux en bois du *Capitaine Cok*. — 6 haches en bois. — 10 battons du *Général bienfaisant*. — 3 becquilles. — 2 sourissières. — 12 seringues en bois et fer blanc. — 10 ceintures de carton doublées de toille noire. — 13 tambours de basque, 1 grand *idem* servant dans le ballet de *La Paille*. — 1 pacquet de baguettes de bois de sapin. — 1 fourche à foin. — 7 petits fusils de bois.

3 pelles de bois. — 1 becquille. — 6 fléaux pour battre le bled. — 1 lance et 1 halebarde. — 16 arcs en bois. — 1 fillet pour *Colinette à la Cour*. — 14 houllettes garnies de fer blanc. — Le panier du *Compte d'Albert*. — 15 javelots garnis ______ de fer blanc. — 3 lyres, 2 de bois ______ de fer blanc. — 4 trompes de fer blanc. — 1 tambour et ses baguettes. — 4 petites cages à oizeau. — 1 peau d'ours. — 1 baguette pour danser l'anglaize.

1 paire de guêtres de cuir et 1 paire de bottines d'enfant. — 1 petit berceau d'enfant en ozier, garni de neuf corbeilles garnies de ruban de différentes couleurs. — 1 pagné à ensse garni d'un boucqnet de mures et 1 flutte de fer-blanc. — 1 paire de guêtres d'étoffe noire. — 1 grand carton rond.

11e Vacation (1er germinal an III).

Suite du magazin des tailleurs.

2 bonnets de carton servant dans *Cocagne*. — 1 calumet de paix en bois. — 2 ceintures d'étolle. — 1 boulle de fer blanc. — 1 carcois de

carton garni de papié doré. — 1 plastron de maître d'armes. — 2 sabres à poignée de cuivre. — 7 paires de chaînes de fer. — 1 sabre de fer des *Quatre fils Edmon*. — 2 trompêtes montées sur cuivre. — 1 ceinture de carton garnie de serpents.

1 petit corps de chasse de fer blanc. — 7 chaînes de cuivre. — 2 sabres de cuivre argenté. — 1 de cuivre jaune. Et par le citoyen Chauvau a été observé qu'il y avait deux sabres, mais qu'un a été perdu dans la pièce de *Lodoïsca* sous l'administration du citoyen Brochard.

1 petit sabre à poignée de cuivre. — 4 poignards montés sur cuivre. — 16 épées avec et sans fourreau. — 2 paires de fleurets. — 1 épée de Crispin. — 2 grands sabres à poignées de cuivre. — L'épée de Charlemagne. — 16 rames. — 1 petit coffre en bois. — 3 paires de guêtres noires. — 1 métier à tapisserie. — 4 corbeilles en carton servant dans *Didon*. — 10 sabres à poignées de cuivre et leurs ceinturons de peau blanche. — 4 poignards de fer blanc.

6 hosse cols en cuivre. — 2 grandes armoires bois de sapin. — 1 échelle et 1 marche pied. — 1 mouchoir de crêpe blanc. — 1 mouchoir d'indienne. — 1 aube de femme de linon moucheté servant dans la *Veuve du Malabard*. — 10 fraises de linon. — 12 rabats blancs. — 5 demi-chemises. — 18 chemises de linon. — 4 habits de denseur de toille de cotton garnis de ruban roze, écharpe de satin roze. — 5 ceintures de Durence tricolore. — 1 mante de taffetas jaune provenant de la garde-robe de la citoyenne Clairville.

Effets qui ont été décousus pour être employés au bèsoin à l'usage du magasin, tant en laine qu'en soye.

3 juppes de serge blanche. — 22 lés de serge blanche. — 1 vieux doliment de satin blanc venant de la garde-robe de la citoyenne Clairville. — 38 lés de satin blanc. — 1 draperie de satin blanc. — 1 pacquet de morceaux de satin jaune. — 6 juppes et 4 corsets de satin blanc. — 4 lés de taffetas rayé provenant de soubrevestes turques. — 1 habit et 1 cullotte de taffetas vert pome. — 1 *idem* de taffetas lila. — 4 habits de Durence lila, garnis de ruban jaune, sans être finis.

4 draperies de satin. — 2 draperies et 2 corps de ——— bleu, ce qui

forme 6 habits complets. — 6 lés de serge jaune. — 6 morceaux de serge jaune provenant de cullottes. — 1 draperie d'étoffe roze brochée argent fin. — 1 paquet d'éguillettes de laine de plusieurs couleurs avec ses bouts de fer blanc. — 1 pacquet de bouffetes à l'espagnolle de satin blanc et roze.

1 habit de livrée de serge verte, parements et collet de Durence cramoizie. — 1 *idem* et sa veste de serge rouge gallonée de fer à cheval argent servant au cocher du maréchal.

1 habit de livrée de drap ventre de biche doublé de serge rouge, veste de drap jaune, le tout galloné en argent. — 1 habit de drap vert pome, parements et veste de drap jaune doublée de serge jaune. — 1 veste de serge verte, parements et bavaroise rouge, veste de serge jaune gallonée en argent.

1 habit et veste de drap gris. — 7 habits de livrée de serge rouge doublés de serge verte, le gallon de soye de diférentes couleurs. — 1 frac *idem*. — 1 frac de livrée de serge verte, parements et bavaroise rouge. — 1 redingotte de cocher. — 1 souguenille de toille. — 1 seconde souguenille de toille, perdue sous l'administration du citoyen Brochard.

1 tiroir contenant des vieilles fleurs. — 14 casques de ci-devant chevaliers de toille noire garnis de limasson argent, leurs formes es ______ laire. — 1 carton rempli d'étolles de Durence de diférentes couleurs. — 2 cartons contenant chacun 2 corbeilles de carton garnies de fleurs. — 1 *idem* garni d'une corbeille *idem*. — 2 autres cartons remplis de vieux rubans. — 4 grands cartons renfermant de vielles gases. — 49 carcois de carton garnis de papier doré.

10 robes de ci-devant procureur de serge noire et 1 de toille. — 2 manteaux de serge. — 13 pourpoints de serge noire et 10 cullottes *idem*, et 1 barret de serge noire. — 8 habits vestes de serge brune, 6 cullottes et 3 gillets servant aux soldats. — 1 veste et 1 cullotte de serge canelle. — 1 habit veste et 1 cullotte de serge mordorée. — 1 juppe et 1 corsset de vielle, de ras de castor feuille morte et son tablier de toille de cotton rayé bleu et blanc.

1 gillet de serge mordorée. — 2 petits habits d'enfants de serge mordorée, gillet de Durence blanche. — 10 corssets de femmes de serge mordorée rouge et brun. — 1 juppe et 1 corsset de serge brune et son

tablier d'indienne. — 6 tabliers de Durence verte. — 3 paires de manches de femme de toille rousse. — 3 gillets de serge noire. — 5 vestes *idem* et une cullotte. — 1 veste, 1 gillet et 1 cullotte de serge brune. — 1 grande veste de serge mordorée. — 20 habits de paysans de serge de diférentes couleurs et 3 cullottes de serge. — 1 veste et 1 cullotte de Pinchina. — 4 vestes et 4 gillets et 4 cullottes de serge de diférentes couleurs. — 12 écharpes de Durance blanche garnies de frange d'argent. — 5 *idem* sans frange. — 5 *idem* bleues sans frange.

1 habit de Plutton en satin feu. — 2 habits et 2 cullottes de furies de Durence verte et 2 cullottes. — 1 *idem* en taffetas vert. — 14 habits de furies noirs et rouges en laine et taffetas garnis de dentelle or et argent. — 13 cullottes de serge rouge et 1 pantallon.

14 robbes de toille peintes en serpent. — 2 habits de furies de Durence rouge et noire. — 2 draperies de femmes et 1 corsset de furie. — 4 haches à manches courts garnies d'étolle et de fer blanc. — 30 haches de fer blanc à deux et à un tranchant avec leurs manches.

20 boucliers d'étolle peinte de différentes fassons. — 2 paires de bottes fortes et 1 *idem* d'enfant et 1 fouet de poste.

12e Vacation (2 germinal au III).

Suite du magazin des tailleurs.

13 tambourins dont les parchemins sont crevés. — 14 *idem* en bon état. — 11 tembourins à cüeüe. — 2 cistres en bois couverts de toille peinte. — 2 trompes en bois peintes. — 2 timballes de fer blanc. — 2 mandollines en bois peintes. — 2 tembourins chinois à cüeü, dont une peau est cassée. — 7 instruments chinois en fer blanc garnis de leurs clochettes. — 12 raguettes de tembourin. — 20 poignards de fer blanc, manches de bois. — 10 fusils de boucher.

1 carcoi en carton. — 1 arc et 1 flembeau en bois. — 4 instruments de paan peints en bois. — 3 viollons. — 2 mâchoires d'âne. — 2 couteaux à l'espagnolle. — 1 longue-vue en fer blanc ______ bois. — 6 fluttes en bois. — 2 flembeaux en bois. — 1 sablier en bois peint. — 1 hurne de fer blanc garnie de papier doré et argenté. — 8 hurnes en bois garnies de papier doré et argenté. — 7 coupes en fer blanc. — 2 formes

de chapeau en bois. — 1 bouclier d'osier garni de toille ——— feuillage.

2 fouëts de cocher de fiacre. — 3 boucliers. — La cane de coureur. — 5 haches de bois couvertes d'étolle. — 1 pacquet de coco en osier doublé de toille jaune. — 4 vielles en bois. — 20 cerceaux en bois garnis de résins. — 2 boiettes pour les petits savoyards. — 2 petits fusils et 2 battons. — 6 serpettes en fer blanc. — 2 marmittes de fer blanc. — 2 pots au lait de fer blanc.

1 pot à beurre en fer blanc. — 1 panier d'osier. — 1 boutique de marchand en ozier. — 6 cerceaux en bois garnis de fleurs en papier. — 12 cerceaux en fer et leurs manches de bois. — 1 robe de moine en serge blanche et son escapulaire. — 3 gants de maîtres d'armes. — 1 manteau de serge noire. — 4 manteaux de voille noir. — 1 soutane et son camail de serge écarlate. — 1 soutane de voille noir. — 1 soutane de satin viollet. — 3 bonnets carrés dont deux noirs. — 3 ceintures d'abbé de laine noire. — 1 habit de religieuse de camelot blanc.. — 1 *idem* de voille noir. — 11 habits de religieuses en serge noire.

1 petite veste et 1 cullotte d'enfant pour le *Petit Commissionnaire* de serge brune, fait avec une vieille juppe du magazin. — 2 habits d'uniforme de serge blanche doublés de serge bleue. — 2 vestes *idem*. — 1 uniforme de drap blanc, veste et cullotte de serge blanche. — 3 habits de meuniers complets. — 5 habits de Pierrots. — 9 cullottes de serge et Durence blanche. — 2 habits de Mercure, 1 cullotte et 1 mante en satin bleu. — 1 habit d'ombre en toille Chollet.

4 robes de procureur en voille noir. — 15 cullottes de serge et Durence de diférentes couleurs. — 1 habit de drap noir et sa cullotte. — 2 habits et 2 vestes en drap noir. — 3 habits de serge noire, doublure *idem*. — 3 bretelles en fer garnies de sangle et boucles. — 16 pourpoints de serge noire et 7 cullottes et manteau et 1 tablier de serge verte. — 52 bourdons de pellerins. — 52 ——— 4 *idem* en mauvais état. — 10 paniers d'osier de v edangeurs. — 6 hautes.

12 pots d'osier de toille peinte. — Les lenternes de *Zémire* et *Azor*. — 1 cileindre à passer les gallons. — 1 croissant et 1 lune en ——— 1 croissant et 1 lune ——— blanc. — 2 soleils en paillon couleur. — 1 pantallon et 1 corps de soye ——— tricoté, couleur de chair. Et le citoyen Chau-

veau a observé qu'il en existoit deux, mais que le second a été uzé sous l'administration du citoyen Dorfeuille.

1 pantallon et 1 corps de ______ tricoté rouge. — 2 pantallons couleur de chair et 1 corps sans manches de soye. — 1 pantallon de fil couleur de chair. — 1 paire de guêtres de cuir basanne. — 2 paires de ousiols en toille. — 1 paire demi-guêtres toille de cotton. — 1 paire de guêtres grises en toille. Se rapelle le citoyen Chauvaud qu'il y avoit une seconde paire de guêtres de cuir basanne que le citoyen Fusier, artiste du Théâtre, a gardé vers lui depuis environ sept ans, mais que ce n'est pas lui, Chauvaud, qui les lui a prêtées.

1 bureau bois de sapin avec ses tiroirs. — 1 grand coffre bois de sapin. — 1 bureau à buffet bois de sapin. — 2 petites encoignures-bois de sapin. — 3 tables à tiroirs. — 1 grande établie, dans la chambre du fond. — Petit gril de cheminée, pelle et pinces. — 2 fauconniers pour *Collinette à la cour*. — 1 bonnet à trois têtes couvertes de serge rouge, fait de doublure d'habit sous l'administration de la citoyenne Dorfeuille et provenant de l'encienne administration.

2 carreaux, 1 fer à lisser et 1 craquette, le tout en fer. — 1 boiëtte platte en bois de sapin. — 2 cartons plats. — 1 maillet de buis et 1 marteau de fer. — 1 billot et 1 plomb pour découper. — 3 petits parassols en taffetas garnis de dentelle argent. — 2 clochettes chinoises en fer blanc. — 5 rameaux de moire d'or. — 4 tiroirs de bois de sapin tenant aux armoires apartenant à la République.

13e Vacation (3 germinal an III).

Et avant de procéder à la continuation dudit inventaire, le citoyen Chauvau, magazinier, a déclaré qu'hier au magazin des habits, bien que plusieurs objets dudit magazin que nous avions inventoriés sans observation ayent été faits sous l'administration du citoyen Dorfeuille, que ces objets consistent en : 1 habit et cullotte à l'espagnolle de satin blanc, bouffette et ceinture de satin pistache. — 1 gillet de satin blanc à l'espagnolle, parements et manches rondes de satin bleu, fait pour la citoyenne Lembert fille.

1 habit, veste et 1 cullotte de serge grise, faits pour la citoyenne Piccini. — 1 habit et 1 cullotte de serge grise, doublure *idem*, faits pour le citoyen

Grimardi. — 1 habit de taffetas blanc doublé de satin blanc, fait pour le citoyen Moreau. — 1 *idem* de satin bleu doublé de satin blanc. — 1 *idem* de satin bleu changeant, doublure et ceinture de satin roze pailleté. — 1 *idem* de taffetas rayé lila et blanc, doublure et ceinture de taffetas noir. — 2 cullottes de drap de cotton en pièce, le tout pour le citoyen Moreau. — 1 doliment et 1 cullotte de taffetas bleu, gillet de taffetas blanc garni de dentelle d'argent pour *idem*.

Suite dudit inventaire général (administration Dorfeuille).

1 habit de taffetas rayé roze et bleu, gillet et 2 cullottes de taffetas blanc, écharpe de taffetas noir, faits sous l'administration de la citoyenne Dorfeuille. — 4 habits de Bohémiens, corps de toille noire, draperie de Durence cramoizie garnie de ruban noir et de tresse et dentelle d'argent, sous la même administration. — 1 gillet à l'espagnolle de serge chamois, parements, bouffette, reingrave de serge rouge, fait *idem*. — 3 cuirasses de serge couleur de fer garnies de limasson or et de tresse rouge et bleu, fait *idem*. — 4 habits vestes de droguet bleu doublés de toille rousse, faits *idem*.

4 gillets *idem* à manches. — 1 *idem* sans manches. — 2 *idem* gris sans manches.

2 vestes de paysan de droguet de laine grise, doublées de toille rousse. — 4 habits de droguet de laine grise, sans être faits, dont un avec sa doublure de toille rousse, les trois autres sans doublure. — 2 gillets sans manches de droguet de laine grise, sans être faits. Et le citoyen Chauvaud a déclaré qu'il avoit été pris au magazin environ six aunes de droguet, tant bleu que gris pendant sa détention.

8 mantes de serge bleu de ciel garnies de tresse de laine écarlatte. — 6 mantes *idem* de serge prune, bordées *idem*. — 1 ceüe de fourreau et son corssèt de papeline gorge de pigeon, garniture de satin blanc. — 2 tuniques d'enfants de papeline bleue garnies de ruban chiqueté blanc. — 1 habit d'amazone complet de cazimir gros bleu, fait pour ______ Piccini. — 1 habit d'uniforme de cazimir ______ gillet de ras de castor jaune, la cullotte a été perdue aux Variétés sous l'administration du citoyen Brochard. — 1 cullotte de ras de castor ______ 1 habit de barracan, veste *idem*, bouttons blancs.

1 veste et 1 bonnet ——— bourracan écarlatte doublés de poil noir. — 1 gillet d'indienne, bouquet rouge. — 1 habit à la greque de papeline aurore garni d'un ruban vert formant la greque, fait pour le citoyen Girau. — 1 draperie de satin roze, doublure de satin noir, faite pour la citoyenne Rochette, demi-corsset uzé. — 1 *idem* de satin bleu de ciel et son demi-corsset doublé de satin blanc, faite pour la citoyenne Lombard. — 1 juppe de serge rouge, corsset de serge noire, faite pour la citoyenne La Chateignerée. — 6 paires de manches de serge noire bouffette de serge rouge.

Déclare le citoyen Chauvau avoir donné une juppe de serge rouge à la citoyenne Morel, qui a dit l'avoir remise à la citoyenne Sainvallery, et que du depuis il n'a pu parvenir à la faire rentrer dans le magazin malgré les soins qu'il s'est donné à cet égard, perdue sous l'administration de la citoyenne Dorfeuille; a de plus déclaré le citoyen Chauvau qu'une autre juppe pareille à la précédente a été donnée pour la femme du citoyen Audibert pour la pièce du *Souterrein* et qu'elle n'est plus rentrée dans le magazin, la susdite juppe perdue sous l'administration du sieur Brochard.

1 écharpe de taffetas noir. — 2 bonnets de laine rouge et 2 perdus, l'un sous l'administration de la citoyenne Dorfeuillle et l'autre sous l'administration du citoyen Brochard.

4 voilles de gaze d'Itallie et 1 de crêpe. — 1 dolliment de femme de serge rouge, draperie et corsset de serge bleu de ciel, calsson de serge blanche et sa ceinture de serge rouge. — 1 tunique de ras de castor aurore servant à la citoyenne Clairville.

1 mante de cazimir écarlatte, broderie de ras de castor blanc, fait pour la citoyenne Piccini. — 2 tuniques de ras de castor blanc pour *Stratonice*, garnies de tresse écarlatte par le citoyen Brochard. — 1 mante de ras de castor écarlatte, pour *idem* et 1 *idem* bleue.

11 habits de Tartares de bourracan vert et capucine garnis de serge noire et de tresse or, et leurs coiffures pour *Lodoïsca*. — 1 *idem*, fait pour le citoyen Tailly, de ras de castor jaune et cramoizi garni de tresse or. — 1 soubreveste polonaise de bourracan vert garnie de tresse d'or. — 1 doliment polonais de ras de castor cramoizi garni de tresse de laine chamois, soubreveste de ras de castor chamois.

1 doliment polonais de ras de castor vert garni de tresse or et paillon cramoizi, soubreveste de ras de castor cramoizi garni de tresse or. — 1 doliment polonais de drap de castor bleu garni de tresse or, soubreveste de ras de castor blanc garnie de tresse or. — 2 calssons polonois de ____ blanc, le tout pour *la Doïsca*.

1 habit veste en taffetas rayé, fait pour *Pol et Virginie*. — 1 chemise et 1 calsson de battiste écrue. Observe le citoyen Chauvau qu'il avoit une de femme en battiste écrue qui a été perdue sous l'administration du citoyen Brochard.

5 cullottes de drap de cotton et 3 vestes. — 1 pantallon de cotton, fait pour le citoyen Lemesle. — 1 *idem* pour le citoyen Donnat. — 1 *idem* pour le citoyen Lecoutre. — 2 cuirasses de carton peint pour l'*Intrigue épistolaire*. — 4 sabres à poignées de cuivre pous *Lodoysca*.

Tous lesquels objets ont été faits sous l'administration du citoyen Dorfeuille.

14e Vacation (24 germinal an III).

Suite des objets faits sous l'administration de la citoyenne Dorfeuille.

1 cullotte de taffetas chair, faite pour le citoyen Girau. — 1 corps et 1 pantallon de tricot en soye couleur de chair, faits pour *idem*. — 1 *idem* corps seulement de soye blanche. — 1 pantallon de tricot cotton jaune fait pour le citoyen Gaston. — 1 habit d'enfant de Béharnois de Durence roze, cullotte de serge bleue. — 1 écharpe de satin blanc faite pour le citoyen Lemelle dans le *Général bien faisant*.

1 tunique de taffetas bleu garnie de ruban souci faite pour le citoyen Giraud. — 1 *idem* de cotton garnie de ruban bleu faite pour *idem*. — 1 juppe de linon garnie de frange blanche, la frange seulement achetée par le citoyen Brochard. — 1 juppon de taffetas blanc à l'uzage de la citoyenne Chouchou, et 1 corsset *idem*. — 2 juppes de gaze noire. — 1 draperie de satin noir doublée de satin vert garnie de dentelle argent. — 1 corsset de taffetas roze garni de ruban noir.

Et par le citoyen Pacher, audit nom, a été observé que sous l'administration du citoyen Dorfeuille la citoyenne Chouchou avoit à l'encienne administration deux juppes de batiste.

Et par la citoyenne Dorfeuille a été répondu que la citoyenne Chouchou lui a dit en faisant remettre au magazin les linons et les crêpes qu'elle en avoit dénaturé pour en racommoder d'autres.

Suite des objets de l'encienne administration.

1 juppon de taffetas blanc. — 1 juppon de taffetas roze. — 1 *idem* de taffetas bleu. — 1 tonelet de taffetas chair. — 1 de satin blanc. — 1 bonbé de taffetas blanc.

Et le citoyen Chauvau a observé qu'il y en avoit un roze que la citoyenne Chouchou a ——— réuni, et qui se trouve perdu sous l'administration du citoyen Brochard.

7 corssets de diférentes couleurs de papeline. — 1 mante de crêpe bleu. — 1 chemisette de batiste. — 1 chemisette de crêpe blanc. — 5 juppons de crêpe blanc.

Et le citoyen Pacher a observé qu'il y en avoit sept et que deux ont été égarés ou dénaturés sous l'administration du citoyen Brochard et compagnie.

1 juppon de gaze noire et 1 voille. — 1 cullotte de taffetas chair. — 1 habit de gaze blanc rayé. — 1 doliment de satin cramoizi. — 1 voile de crêpe blanc. Tous les objets ci-dessus énoncés à l'uzage de la citoyenne Chouchou.

Magazin du plumassier.

2 chapeaux à l'espagnolle de satin prune. — 9 chapeaux de laine à haute forme, dont quatre ont été garnis d'un ruban tricolore sous l'administration de la citoyenne Dorfeuille. — La coieffure de *Cocagne* garnie de plumes de paän. — 14 casques de femme de satin et moire d'or. — 1 chapeau blanc pour le *bas Norman.* — 1 chapeau pour d'*Umquichotte.* — 1 chapeau d'abbé de taffetas changeant galloné en or. — 12 chapeaux bordés en argent. — 13 chapeaux gallonés en or. — 1 *idem* galloné en argent.

9 chapeaux noirs de plusieurs formes. — 2 chapeaux à l'espagnolle garnis de plumes. — 1 chapeau de transvestissement avec sa perruque. — 1 chapeau noir garni de plumet noir. — 1 *idem* garni de plumet blanc.

— 1 chapeau à haute forme pour le *Compte d'Albert.* — 3 chapeaux noirs. — 21 chapeaux blancs pour des meuniers. — 1 *idem* pour *Figaro.* — 1 chapeau noir pour *Bazille.* — 4 chapeaux noirs pour *Figaro.* — 86 chapeaux de paille.

6 coiefures de janisser de Durence roze gallonées en argent. — 2 coiffures de Chinois de satin vert garnies de rezau d'argent. — Le bonnet de la *Caravane.* — 12 chapeaux de paille couverts de taffetas de diférentes couleurs. — 4 *idem* noirs. — 5 *idem* sans couverture. — 1 tocque de satin roze à bande d'or garnie de poil.

1 tocque de satin bleu ______ rayé de ______ ruban ponceau garnie de cordon de laine jaune. — 1 *idem* de Durence verte et écarlatte garnie de leurs plumes. — 3 tocques de satin de diférentes couleurs. — 2 coiffures de nègre garnies de plumes de cocq.

2 tocques de satin prune et une troisième lila. — 4 chapeaux à tocques de satin noir. — 1 chapeau de satin noir. — 3 tocques de taffetas tigré. — 3 tocques à pointes de paillons de diférentes couleurs. — 2 *idem* de moire d'or. — La coieffure d'*Ottelo,* ci-devant des *Quatre fils Edmons.* — 1 coieffure de nègre de serge écarlatte gallonnée en argent. — 1 tocque de satin cramoizi garnie de poil. — 1 *idem* tigrée garnie de peluche brune. — La coieffure de *Momus* de taffetas blanc et bleu.

4 coieffures de Tartares de taffetas vert garnies de leurs mascarons, et 1 *idem* de satin blanc. — 4 tocques de taffetas abricot, fronteau bleu, garnies de rézeau d'argent. — 4 *idem* de moire d'argent garnies de Durence verte. — 5 coieffures de Cith de satin gris et cramoizi. — 4 tocques de Durence cramoizie garnies de moire et toille tigrée.

15 tocques de taffetas roze et blanc. — 4 *idem* en satin roze et blanc garnies de dentelle d'argent. — 4 *idem* de taffetas lila. — 5 coieffures de satin pour *Leard* de diférentes couleurs. — 1 tocque de satin tigré et son mascaron. — 1 *idem* de satin vert garnie argent. — 1 *idem* de peluche de soye noire, fronteau de satin roze. — 1 *idem* de taffetas blanc, fronteau de paillon cramoizi. — 2 tocques de satin blanc et 1 de taffetas *idem.* — 3 tocques de Causacs en satin bleu, fronteau de moire d'argent et garnies de noir.

1 tocque de taffetas blanc, fronteau roze galloné en argent. — 1 *idem*

prune, fronteau vert. — 1 *idem* vert, fronteau jaune. — 1 *idem* roze, fronteau argent et vert. — 1 *idem* roze, fronteau noir. — 4 coieffures chinoises pour *Panurge*. — 2 casques modelés et dorés, 1 *idem* uni. — 3 *idem* dorés, modelés à la grecque et 2 argentés à ègle. — 8 casques de ci-devant chevalier dorés et un argenté sur les huit. — 1 petit casque pour ten ____ de en fer et cuivre.

1 casque de dragon. — 3 casques de femme de moire d'assier, garnis or et argent. — La coiëffure de Mercure. — 1 bonnet de coureur et sa placque de fer blanc. — 1 turban pour la *Caravanne* de satin vert garni de perles et paillon, dont le leinge est du citoyen Brochard. — 1 *idem* de satin bleu garni de perles et gaze. — 1 *idem* de satin vert broché garni de perles. — 1 *idem* de satin cramoizi brodé en or.

4 turbans de Durence verte, dont leur leinge a été fourni par le citoyen Brochard. — 2 turbans de Durence bleue garnis de gaze. — 2 turbans de satin vert brochés, le leinge fourni par le citoyen Brochard. — 2 *idem* de Durence bleue, le leinge fourni par le même. — 2 *idem* de satin jaune et l'autre lila, le leinge fourni par le citoyen Brochard. — 1 *idem* de satin vert garni de gaze. — 8 turbans de Durence bleue garnis de leinge. — 24 turbans de diférentes étoffes et couleurs sans garniture.

1 coiëfure golgondoize en satin vert garnie de dentelle d'argent. — 1 tocque en satin prune. — 6 coiëf d'ussard de Durence et serge bleue, fronteau rouge. — 5 *idem* de toille noire. — 1 *idem* de Durence noire garnie de limasson argent.

128 égrettes de plumes de cocq. — 28 ballets de plumes *idem*. — 4 égrettes de plumes noires fines. — 2 plumets blancs. — 2 plumets rouges ____ 1 plumet noir. — 150 plumes blanches. — 150 en couleur. — 36 plumes de sept pouces. — 1 coiëffure de Tartare pour *Lodoïsca* de ras de castor chamois et limasson or, faite sous l'administration de la citoyene Dorfeuille. — 1 *idem* verte faite *idem*. — 1 tocque de camelot vert garnie de limasson or. — 1 *idem* de ras de castor bleu faite *idem*. — 1 *idem* de ras de castor cramoizi faite par *idem* avec leurs égrettes.

15e Vacation (25 germinal an III).

Suite du magazin du plumassier.

8 coieffures américaines de Durence cramoizie à bande d'or. — 8 casques en carton doublés de toille noire garnis de limasson argent et paillettes. — 12 tocques de sauvages de toille tigrée à bande de Durence mordorée. — 6 tocques à la grecque de serge blanche, fronteau bleu, garnies de ruban de fil blanc. — 11 tocques de Durence blanche et 1 de taffetas. — 14 tocques grecques de diférentes étoffes et de différentes couleurs. — 4 bonnets de nègres couvers de sèrge rouge. — 4 *idem* couverts de peluche de cotton brune.

8 tocques de Bohémiens en Durence rouge et noire garnies de paillettes argent. — 13 tocques de sauvages de toille tigrée. — 17 casques de moire d'assier garnis de cordons d'argent. — 24 casques en carton, doublés de toille noire et de limasson argent. — 9 bonnets de grenadiers en carton temponés de gaze noire, placques de gaze or et cordon d'argent. — 24 casques de carton doublés de toille Chollet noire garnis de limasson argent et sa creignère de crin rouge.

7 creignères de crin de diférentes couleurs. — Le casque du *Festin de Pierre* de carton modelé, masque *idem*, perruque de laine blanche. — 12 casques de carton couverts de crépon et de tresse or. — 8 casques de carton couverts de toille noire et de limasson or. — 4 casques de moire d'assier à visières. — 1 *idem* de fer blanc. — 4 casques carton pour les *Quatre fils Edmon* argentés. — 2 *idem* garnis en or. — 4 casques modélés argentés.

La coieffure d'Erculle. — 1 patté de carton pour *Cocagne*. — 9 barrets de Flaments de serge mordorée et fronteau de Durence jaune. — 1 *idem* de taffetas bleu ____ Le chapeau d'Entonio de serge. — 1 tocque de ras de castor vert, fronteau cramoizi. — 1 coieffure suisse rouge et noire. — 10 chapeaux ronds de laine noire. — 1 coieffure de serge verte garnie de tresse or et son mascaron. — 8 coiefures chinoises en carton de taffetas roze et bleu garnies de chenillé et dentelle d'argent servent à la dense. — 14 *idem* couvertes en toille Chollet, bande noire et dentelle d'argent. — Et finallement 200 plumes de laine de diférentes couleurs.

Observe le citoyen Jullien, plumassier, qu'il y avoit un chapeau bordé en or fin de l'encienne administration, servant dans *Mirza et Lindor,* qui a été perdu sous l'administration du citoyen Brochard.

Sommes dessendus dans la loge de la citoyenne Clerville et avons inventorié les effets qui avoient été laissés à sa disposition ainsi qu'il suit :

1 mante de ras de castor bleu faite sous l'administration du citoyen Dorfeuille. — 1 *idem* de ras de castor écarlatte. — 2 *idem* de ras de castor blanc. — 2 tuniques de ras de castor blanc. — 1 fourreau de taffetas gris.

1 doliment de drap de soye blanc. — 1 juppon de taffetas blanc. — 3 corsset de taffetas de diférentes couleurs. — 1 juppon de battiste et 1 pantallon de soye chair. — 2 juppes de crêpe. Tous les objets ci-dessus inventoriés faits sous l'administration du citoyen Dorfeuille.

Encienne administration.

1 ceüe de fourreau de satin blanc. — 1 draperie de satin blanc. — 1 draperie de satin gris et son corsset. — 1 juppon de taffetas roze. — 1 juppon de Durence écarlatte. — 1 mante de satin roze doublée de satin blanc. — 4 corssets de diférentes étoffes et couleurs. — 2 petites chemisettes du *Général bien faisant, ci-devant Seigneur.*

Administration du citoyen Brochard.

1 tunique de serge boue de Paris. — 1 tunique de mousseline blanche. — 1 *idem* couleur de chair. — 1 mante de taffetas jaune. — 1 mante de crêpe roze. — 3 juppes de crêpe ——— 1 juppon de battiste. — 1 voille de crêpe.

Sommes ensuite remontés au magazin des tailleurs pour y faire l'inventaire des effets faits sous l'administration du citoyen Brochard.

1 juppe de taffetas blanc et 1 corsset coquelicau fait pour la citoyenne Chouchou. — 1 habit coquelicau, gillet et cullotte de taffetas blanc fait pour le citoyen Douat. — 1 habit et sa cullotte de taffetas boue de Paris, gillet de taffetas blanc, fait pour le citoyen Giraud. — 2 voiles de linon pour *les Visitendines.* — 1 *idem* pour *Panurge.*

1 juppe et 1 chemise de linon pour la citoyenne Gasse. — 1 juppe de gaze aurore, la mante et la chemise faites pour la citoyenne Chouchou.

— 1 tunique de gaze blanche. — 1 *idem* aurore. — 1 *idem* brune. — 2 petite chemises de gaze boue de Paris. — 2 juppes de gaze mordorée ______ chemise. — 1 habit d'ussard en camelot écarlatte. — 2 bonnets d'ussards de serge bleue, bande rouge.

1 sans-cullotte d'enfant de serge olive. — 1 *idem* de camelot gris. — 2 cullottes de drap de cotton. — 1 pantallon de drap de cotton vert. — 3 petites aubes d'enfants de toille blanche. — 5 pantallons de satire en serge et leurs masques. — 8 instruments pour *idem*. — 4 guirlandes de papier. — 7 bonnets de serjette rouge. — 1 vichoura de camelot vert. — 1 draperie de crêpe blanc garnie de dentelle argent.

1 draperie de linon garnie d'une guirlande de ruban vert. — 5 petits corps et 5 pantallons d'enfants de cotton couleur de chair. — 8 petits carcois d'enfants en carton garnis de papier bleu et argent. — 6 petits arcs en bois. — 1 corsset de taffetas couleur de chair pour la citoyenne Lombard. — 1 *idem* pour la citoyenne Sainvallery. — 1 chapeau noir galloné en or.

16e VACATION (27 germinal an III).

Encienne administration.

1 juppe de camelot gris bordée de noir. — 1 *idem* de satin rayé roze et blanc. — 1 *idem* de taffetas blanc, retroussi de taffetas bleu. — 1 draperie de gaze noire et sa chemisette. — 1 mante de taffetas bleu. — 2 corssets de satin lila. — 2 corssets de Durence noire. — 1 juppe de taffetas vert pome.

Administration de la citoyenne Dorfeuille.

1 juppe de taffetas blanc. — 2 corssets *idem*. — 2 corssets de taffetas couleur de chair. — 1 corsset boue de Paris. — 1 carraco de taffetas mordoré. — 1 *idem* de taffetas rayé blanc et lila. — 1 *idem* de satin bleu changeant. — 5 juppes de linon. — 1 chemise et 1 carraco. — 1 tablier et 1 voille. — 1 cullotte de drap de cotton.

Administration du citoyen Brochard.

1 juppe de taffetas roze. — 2 corssets de taffetas chair. — 1 corsset de taffetas. — 1 pantallon de soye pour le citoyen Girau. — 1 *idem* et son

corps ——— tricoté pour le citoyen Robert. — 1 pantallon de filloselle jaune pour *idem*. — 1 pantallon de peau jaune pour *idem*.

1 jupe de Durence mordorée et 1 *idem* vert pome. — 1 corsset de crépon. — 1 *idem* de taffetas bleu. — 1 draperie de taffetas blanc faite sous l'administration du citoyen Dorfeuille. — 1 *idem* de taffetas roze, 1 caraco de satin bleu changeant et 1 corcet de soye rayé roze et blanc; le tout fait sous l'administration de Dorfeuille.

Sommes descendus dans le magazin du tapissier où nous avons trouvé le citoyen Héraud, tapissier, auquel ayant fait connaître le sujet de notre transport il nous a représenté les objets suivants :

4 fauteuils bois doré avec leurs carreaux, le tout couvert de Durence gallonée en or. — 2 *idem* dont les bois ont été cassés et à regarnir. — Plus 8 fauteuils de cane avec leurs coussins de velours d'Utrec cramoizi, dont 4 ont été portés aux Variétés et sont hors d'état de service, qui ont été en partie dégradés sous les administrations des citoyens Dorfeuille, Brochard et compagnie.

La tente de *Dorotée,* en toille chollet roze et blanc, avec ses pentes et glans. — 2 grands rideaux de toille Chollet roze, servant pour *Atalie,* ornés de franges et gallons d'argent. — 4 housses de banquettes gallonées. — 1 housse de canapé de Durence cramoizie gallonée en argent. — 1 tapis de serge écarlatte galloné en or pour *Tartuffe.* — Le baldaquin servant dans *Panurge* de toille Chollet roze, garnie de frange et gallon argent, brûlé en partie sous l'administration du citoyen Brochard.

2 grandes draperies qui contenoient environ quatorze à quinze aunes de Durence cramoizie garnies de gallon et frange d'or, qui a été prêtée par ordre des citoyens Brochard et compagnie à la section Franklin, pour la plentation de l'arbre de la liberté, que cette section a dénaturé et fait remettre en treise morceaux dont on ne peut faire aucun uzage.

1 tapis de damas cramoizi galloné en argent. — 1 tapis de serge écarlatte. — 1 toille peinte en bleu servant de tapis. — Le fleuve d'*Armide* en gaze d'argent. — 14 banières en toille de diférentes couleurs, dont les battons et picques ont été perdus sous l'administration du citoyen Brochard. — 2 toilles peintes en muraille, servant dans *Lodoïsca.* — 1 *idem* en noir pour *Orphée.*

Plusieurs morceaux de toille rose servant à diférentes pièces. — 1 grand canapé de six pieds, bois doré avec son matelas, couvert de Durence rose gallonée en or. — 2 ployants avec leur carreau même étoffe et gallon. — 2 tabourets couverts de damas cramoizi.

1 matelas de trois pieds et 1 de trois pieds et demi ayant ci-devant pezé ensemble soixante livres de laine, réduit dans ce moment à quinze livres suivant la déclaration que nous en fait dans ce moment le citoyen Héraud, qui nous a dit que le déficit de quarente-cinq livres de laine provient du vol qu'on en a fait aux Variétés sous l'administration du citoyen Brochard et compagnie lorsqu'on les a envoyés pour la pentomime de la *Forêt noire*. — Plus un fauteuil couvert. — 1 *idem* ——— à *Figarau*.

1 carrau de Durence cramoizie. — 1 coussin de Durence roze ——— sous l'administration de la citoyenne ——— 13 tableaux de différents ——— à différentes pièces. — 1 *idem* représentant Calas fait sous l'administration de la citoyenne Dorfeuille.

1 coffre sur quatre pieds, couvert d'étoffe, servent dans *Sémiramis*. — 1 paire de bras à deux branches dorées d'or de feu. — 8 girandoles garnies de cristal. — 4 panaches de laine avec leurs égrettes en plumes de coq. — 1 métier à tapisserie à broder.

2 pelles de jardin. — 4 lances à fer blanc servant à la salle du bal. — 1 berceau d'enfant d'osier dont la garniture de toille a été faite sous l'administration du citoyen Brochard. — 1 juppe de toillete en linon. — 1 hochet d'enfant en fer blanc.

1 petite table de quinze pouces de haut à bois doré servant dans les *Trois sultanes*. — 4 banières dont leurs châssis sont de fer.

Le citoyen Hérault a déclaré qu'en vertu d'un ordre du citoyen Durios et Durinval, il a fait déposer le 23 brumaire de la loge des anciens actionnaires et porter dans son magazin trois glaces, scavoir : deux de dix pouces de large sur vingt-neuf pouces de haut, et la troisième de vingt-un pouces de large sur vingt-neuf de haut, avec leur bordure dorée, plus deux canapés adosscés et deux tabourets, le tout couvert de velours bleu et bois doré, et deux ridaux de taffetas avec leurs tringles.

2 grands fauteuils de bois doré couverts de satin cramoizi, achettés sous l'administration de la citoyenne Dorfeuille. — 1 berceau d'enfant et

son petit matellas, sous l'administration de Brochard et compagnie. — 7 banières de la même administration. — 30 morceaux de toille peinte servant à brancards et palanquin dans la pièce du citoyen Jullien, à la même administration. — 8 petits chevaux d'osier avec leurs bottes. — 1 toille peinte en rouge servant dans les *Dragons en cantonnement,* de ladite administration. — Couvent de toille peinte fait sous l'administration du citoyen Albert.

17e Vacation (8 germinal an III).

Sommes dessendus au magazin du ferblantier où avons trouvé le citoyen Louis Vivien, chef dudit magazin, auquel avons dit de nous indiquer les objets dépendent de son attellier et de la salle en nous désignant ce qui appartient à l'encienne administration, et il nous les a représentés ainsi qu'il suit :

Premièrement, 1 forge montée. — 1 billau et ——— 1 bigorne. — 3 marteaux. — 1 écaire. — 1 cizaille. — 2 grandes tablettes. — 1 grand banc. — 6 crochets en fer, dans le ——— 2 cabinets dans le mur. Le tout apartenant à l'encienne administration.

18 réverbères en cuivre doré, les lempes ont été dénaturées depuis environ douze ans, apartenant à la République. — 1 grand orisental en fer blanc avec sa lempe à cinq becs, fait sous l'administration du citoyen Dorfeuille. — 1 lempe à quatre becs. — 32 lempes à verres. — 28 *idem* au lustre. Tous lesdits objets faits sous l'administration du citoyen Dorfeuille.

6 lenternes tournantes avec leurs bassins et lempions de l'encienne administration. — 6 lempes à bec plat au grand foyer. — A l'orquestre 20 bobèches. — 8 lempes horizentalles en cuivre argenté suspendues ou à placart. — 4 lenternes quarrées décorées au ceintre. — 2 souflets à pipe de furies. — 1 grand coffre ferment à clef. — 1 tête de dragon. — 6 paniers en fer blanc; dans le magazin à l'huille 2 bassines carrées. — 1 grand entonnoir. — 1 burette.

2 pots pour les égoutures. — 6 lempes à six becs. — 12 *idem* à deux becs avec leur reverbert argenté. — 6 *idem* à douze. — 2 lempes sépulcrales. — 1 poëlle et ses tuyeaux. — Environ 500 tuyeaux à ressort et

blancs pour les lustres. — 1 table garnie en fer blanc avec son grillage. — 5 bassines pour égouter les mèches. — Environ 300 bobèches carrées pour *Panurge*. — 1 grande foudre garnie en fer blanc. — 1 *idem* plus petite. — 1 échelle d'allumeur. — 12 lustres en cristal.

Administration du citoyen Brochard.

2 lampes à bec plat. — 2 lampes ordinaires placées dans les loges (effets au pouvoir du citoyen Brunie). — 5 verres de fer blanc servant dans *Lodoysca*, faits sous l'administration de la citoyenne Dorfeuille. — 2 cafetières de fer blanc. — 6 verres *idem*. — 1 _____ 1 rachaud. — 3 lenternes. — 1 plat à barbe en fer blanc. — 1 trois-pieds ou cassolette en fer blanc. — 2 navettes en fer blanc.

8 assiettes en fer blanc. — 4 plats longs *idem*. — 2 petits arosoirs *idem*. — 12 flembeaux de fer blanc. — 4 pipes en fer blanc. — 1 grand plat et 1 poignard de fer blanc. — 28 flembeaux à trois becs en fer blanc. — 1 pipe à souflet de fer blanc. — 1 grand vase de fer blanc. — 1 couppe en fer blanc. — 5 faussilles en fer blanc. — 1 petit corps de chasse en fer blanc, et 1 petite boiëtte de fer blanc.

Sommes montés à la bibliotèque de musique où nous avons trouvé le citoyen George Thomassin, bibliotéquaire, auquel nous avons dit de nous indiquer les objets dépendant de son magazin, en nous désignant ce qui apartient à l'encienne ou nouvelle administration, et il nous les a représentés ainsi qu'il suit :

Encienne administration.

Alceste et parties séparées.
Ariane, idem.
Les Arts et l'Amitié.
Armide.
Atis.
Alcimadure.
Le Comte d'Albert.
Alexis et Justine.
L'Amant jaloux.
L'Amant statue.
L'Ami de la maison.
L'Amitié à l'épreuve.
L'Amoureux de quinze ans, deux seconds viollons sans instrument à vent.
Les Amours d'été.
Les Amours de Gonesse, deux premiers, deux seconds et trois basses.
Annette et Lubin, deux parties de basse.
Aristote amoureux, un premier, un second, un alto et les instruments à vent.
L'Aveugle de Palmière.
Ocassin et Nicollette.
L'Art et la Nature, sans partition.
Acajou, deux premiers viollons, deux seconds et trois basses.
Les Aveus indiscrets, deux

premiers, deux seconds viollons et deux basses.
L'Amant déguisé ou le Jardinier.
——— sans partition.
Azémia.
Le Baiser.
Bastien et Bastiene, sans partition, deux premiers violons, un second et trois basses.
Baycco, deux premiers, deux seconds violons et trois basses sans alto ni corps.
La Belle Arsenne.
Blaize et Babet.
La Bohémienne, sans partition.
Le Bûcheron.
La Bonne Fille.
La Bataille livrée, il manque des parties.
Bertolde à la ville, deux premiers et deux seconds viollons.
Blaise le savetier, quatre premiers, trois seconds.
Les Amours de Bayard, trois premiers et deux seconds viollons.
Belle Esclave, partition et partie sont au pouvoir du citoyen Corsse.
Le Barbier de Séville, partition seulement.
La Caravanne.
Le Carnaval du Parnasse, sans partie.
Castor et Polux.
Caly et Roé, sans partie.
Chimène.
Collinette à là cour.
Le Cadix dupé.
Cassandre oculiste, incomplet.
Les Chinois, incomplet.
La Clochette, au pouvoir du citoyen Camille.
La Colonie.
Le Cocher, sans partie.
Le Chinois de retour, sans partie.
Le Corsaire, partie simple.
L'Astrologue, incomplet.
——— *du village.*
Le Déserteur.
Les Deux Avares.
Les Deux Chasseurs, sans partition.
Les Deux Miliciens, incomplet.
Les Deux Mores, au pouvoir du citoyen Corsse.
Les Deux Tuteurs.
Les Docteurs modernes, incomplet.
La Dot.
Le Droit du Seigneur.
Le Diable à quatre.
Les Deux Sœurs rivalles, incomplet.
Les Deux Cousines, sans partie.
L'Europe gallante.
Les Éléments.
L'Épreuve villageoise.
L'Erreur d'un moment.
Les Événements imprévus.
L'Écolle de la jeunesse.
Les Fêtes de Paphos.
Les Fêtes de Flore.
Les Fêtes ou le Triomphe de Thalie.
Les Fêtes véniciennes, sans partie.
Le Faux Lord.
La Fée Urzelle.
Félix ou l'Enfant trouvé.
Les Femmes et le Secret.
Les Femmes vengées.
La Fille mal regardée, sans partition.
Fleur d'Épine, incomplet.
Le Faucon ———
La Fête du village.
Le Guid de chameau, sans partie.
Georges et Georgette.
Gilles, garçon peintre.
La Guirlande, sans partie.
Les Grâces.
Le Huron.
Les Indes gallantes, sans partie.
Éphigénie en Aulide.
Éphigénie en Toride.
Le Jardinier et son Seigneur.
Le Jardinier de Sidon, incomplet.
Les Jardiniers, sans partie.
Ysabelle et Gertrude, incomplet.
L'Isle des fous, incomplet.
L'Isle sonante, incomplet.
Le Jugement de Midas.
Julie.
L'Enfant des Armora.
Isabelle Uzard.

L'Ivrogne corrigé, sans partie.
Isabelle Fernand, s. partie.
L'Inconnu, sans partie.
Jano et Jeanette, incomplet.
Le Jalloux corrigé, sans partie.
Lucille.
Le Magnifique.
Le Maréchal-ferrand.
Les Mariages samnites.
La Matinée villageoise, sans partie.
Mazet.
Le Milicien, incomplet.
Mirtil et Licorès.
Le Maître de musique.
La Meunière de Chantilly.
Le Maître en droit, incomplet.
Le Médecin d'amour.
Nanette et Lucas.

18e Vacation (9 germinal an III).

Nina.
Ninette à la cour.
Les Ninphes de Dianne, incomplet.
Le Navigateur, incomplet.
Nicaise, sans partie.
La Négresse.
Orphée et Euridice.
Œdipe.
L'Olimpiade, incomplet.
On ne s'avise jamais de tout.
Orgon dans la lune.
Panurge.
Pigmallion.
Pirame et Tisbeth.
Les Pécheurs, dans les mains du citoyen Camille.
Le Poète supposé, incomplet.
Le Peintre amoureux de son modèle, deux partitions.
Le Petit Maître en province, incomplet.
Périn et Lucette, s. partie.
Les Vieux Prétendus, sans partie.
Renaud ancien, sans partie
Renaud, de Saquini.
Rolland.
Rolland le vieux.
La Reine de Golgonde, incomplet.
Ragonde, incomplet.
La Réconsilliation villageoise.
Le Rendez-vous, incomplet.
Les Rêveries grecques.
Richard Cœur de Lyon.
Le Roy et le Fermier.
Roze et Collas.
La Rosière, de Grétri, incomplet.
La Vielle Rosière.
Les Voyages de Rosine, sans partition.
La Rencontre imprévue, incomplet.
Roger bon temps.
Renaud d'Ast.
Raoul Barbe bleue.
Le Seigneur bien faisant.
Les Petits sabots, incomplet.
Sancho Pansa, incomplet.
Sarra ou la Fermière.
Le Serrurier
La Servante maîtresse.
Le Silvain.
Le Sorcier.
Le Soulier mordoré, incomplet.
Le Docteur Sangrado.
Le Soldat magicien.
Le Soldat français, incomplet.
Les Deux Savoyards.
Sargine.
Le Solitaire de Normandie, incomplet.
Titon et l'Aurore.
Tarrare, incomplet.
Le Roi Théodore.
Toinon et Toinette.
Tom Jaune.
Les Trois Fermiers.
Le Tonnelier, sans partition.
Les Trocqueurs.
Les Trophées.
Les Trois Sultanes.
Tulli Panau.
L'Union de l'amour et ——
Le Vieux Soldat.
Diane jalouze.

Les Vendengeurs.
La Veuve indécise.
La Viellesse d'Annette et Lubin.
Psiché et l'Amour.
Zémire et Lindor.
Zélindor.
Les Pomiers et le Moulin.
Paul et Virginie.
L'Amour filliale ou la Jembe de bois.
Alix de Beaucaire.
Demophon.
Camille ou le Souterrain.
Pierre Legrand.
Corisendre.
Le Club des Bonnes Gens.
Uphrosine, incomplet.
Les Trois Déesses ou le Double Jugement de Paris, incomplet.
Stratonice.
Les Méprises par ressemblence, incomplet.
Lodoïsca.

Et le citoyen Thomassin nous a observé que les pièces cy-après détaillées et portées dans celles énoncées des autres parts appartenantes à l'encienne administration, ont été achetées sous l'administration du citoyen Dorfeuille, et qu'il va rappeller cy-après, sçavoir :

Demophon et parties.
Lodoïsca, idem.
Les Deux Suisses, idem.
Une partition neuve d'*Orphée.*
La Belle Fermière.
Alix de Beaucaire.
L'Offrande à la Liberté.
Ève et Lina, incomplet.
L'Officier de Fortune.
Le Club des Bonnes Gens.
Pierre Legrand.
La Caverne, partition sans partie.
Musique des *Deux Postes.*
L'Amour sans cullotte.
Camille.
Stratonice.
Paul et Virginie.
Les Visitendines, incomplet
La musique d'*Otello.*
L'École des parvenus.
Philipe et Georgette.
Dardanus.
Le Saint-Deniché.
Le Débat des Muses.
L'Amour corssaire, ballet.
Édouard et Émilie.
Corisendre, partition et partie.
Au Retour, partission.
L'Heureuze Décade.

Toutes les dittes pièces achetées sous l'administration du citoyen Dorpheuil.

Suite de l'inventaire de la musique de l'encienne administration.

BALLETS.

Ballet sans titre et un divertissement mellé d'ariétes sans titres.
Enciens ballets tant complets qu'incomplets.
Les Quatre Fils Edmon.
Zénéide.
La Nouveauté.
Le Magazin des modernes.
La Pompe funèbre de Crispin.
Le Gallant Jardinier.
Arlequain poli par l'amour.
L'Inconu.
Arlequain Hulla.
Les Amazones.
Arlequain sauvage.
Collain Maillard.
Attendois-moi sous l'orme.
L'Amour précepteur.
Démocritte.
Le Port de mer.
Pigmalion, scène lyrique.
L'Effet du Serrail.

L'Effet Dhébé.
Petit ballet d'*Henry quatre*
Balletto dit mezzo caractere.
Ballet des *Faunes.*
Ballet des *Muses.*
Ballet des *Fêtes flamentes.*
Ballet du *Petit Sciau.*
Ballet du *Blache.*
Ameinte et Mirtille.
Les Trois Sultanes et Mirza.
Les Sabottiers.
L'Offrande à la Patrie.
Ballet des *Pâtres.*
L'Espieclerie.
Les Meuniers.
L'Offrande à l'Amour et à l'Amitié.

AUTRES BALLETS.

Zemire et Azord, pour *Ephigénie en Tauride*, par Dauberval.
De *la Reinne de Golgonde.*
La Chercheuse d'esprit.
Les Mattelots et Sauvage.
Les Plaisirs champêtres.
Les Tonneliers.
Le Roy de Cocagne.
La Rozière.
De *Dorothée.*
Contentement passe Richesse.
Ballet pour le *Magnifique.*
Divertissement pour les *Trois Sultanes.*
Le Page inconstant.
Le Boucquet du cœur.
L'Amitier cedde à l'Amour.
Emphion.
Momus vaincu.
Louis Douze.
Le Mariage de Figaro.
Les Jeux d'Églé.
Divertissement pour *Blaise et Babeth.*
Le Capitaine Cock.
Mirza et Lindor.
Le Déserteur.
Le Bienfait récompensé.
Il n'est qu'un pas du mal au bien.
Le Bonheur est d'aimer.
Gallattée.
Annette et Lubin.
Divertissement d'Ussard et d'Amasonne.
Ballet de Dardanus.
Les Amours de Bayard.
L'Épreuve villageoise.
La Dot.
L'Amoureux de quinze ans.
Les Marchandes de modes.
Les Trois Cousines.
L'Amour corsaire.
Le Carnaval de Venise.
Théodore et Émilie.
Psciché et l'Amour.
Ninette à la cour.
Le Navigateur.

Objets faits sous l'administration du citoyen Brochard.

L'Espion autrichien, ballet.
Le Nid d'amour.
Milciade et ses parties séparées, rolle, partie de cœur et ballet.
Parties séparées de la *Caverne*, rolle et partie de cœur, la partition reliée.

Encienne administration.

1 paire de timballes.

19e VACATION (11 germinal an III.)

Sommes montés à la loge des ustencilles, où avons trouvé le citoyen Brunier, garde magazin, lequel ayant sommé de nous représenter les objets qui sont dans la susditte loge et ——— à quoi ayant déféré dans l'instant, nous les a représentés comme suit :

Preimierement, 1 petit trou ——— plus 1 glace de plateau. — 1 sphère en carton, avec son pied de bois. — 1 globe en bois. — 1 petit mortier en fer, menquant, attendu qu'il a été perdu sous l'administration du citoyen Brochard.

1 glace cassée sous l'administration du citoyen Brochard. — 1 petit métier à broder. — 4 sollitaires en verre. — 2 cloches, dont une grande et l'autre petite. — 1 écritoire garni en éteing. — 1 chandellier à deux branches. — 1 *idem* dont le flembeau a été perdu sous l'administration du citoyen Brochard et compagnie. — 1 chandellier jaune.

2 pots d'étaing achetés sous l'administration du citoyen Brochard et compagnie. — 2 tableaux. — 1 *idem* double avec son cadre doré. — 6 petits barrils. — 2 gardalles en terre. — 1 *idem* verte. — 1 touque verte. — 1 cruche en terre. — 1 ballet de plume. — 2 cravaches.

2 fillets. — 1 harpon acheté sous l'administration du citoyen Brochard. — 16 serviettes et 2 nappes achetées sous la même administration. — 1 petit pupitre en bois.

2 petits drapeaux, dont l'un en toille blanche et l'autre en taffetas cramoizi. — 1 grand plan en toille servant dans le *Sonenbulle.* — 1 petit drapeau tricolore en taffetas. — 1 petit bougeoir. — 1 trictrac garni de ses pions. — 1 petite cassette à double fonds, garnie en velour, servant d'écrein et faite sous l'administration du citoyen Brochard.

5 boëttes en carton. — 2 paires de sabots. — 1 pot de chambre en fayence. — 1 paire de cizeaux de jardinier en fer. — 4 morceaux de fer servant dans le *Maréchal ferrant.* — 4 petits maillets en bois. — 5 petits cizeaux en bois. — 1 pâté en bois. — 1 fillet de bœuf en bois.

2 brochettes d'oiseaux en bois. — 5 fourchettes en fer et 1 d'étaing fournie sous l'administration du citoyen Brochard. — 7 assiettes et 2 plats longs fournis par la ——— 15 flembeaux de ——— 9 torches en rézine. — 14 paniers en ozier. — 1 grande pipe en bois servant dans la *Caravane.* — 1 grand crible. — 1 tamis de soye. — 16 pots de fleurs en bois peint. — 1 petite piramide en toille.

4 bouteilles clissées en dame jannes faites sous l'administration du citoyen Brochard. — 1 grande et 1 petite cassettes en bois. — 2 petites bouteilles d'osier. — 7 flembeaux d'amour en bois. — 3 cartons de notaire. — 1 arc et 1 rateau en bois. — 1 becquille en bois. — 3 petits mauvais pistollets. — 1 petite sonnette argentée.

2 bourdons de pèlerins en bois. — 1 lapin en bois. — 1 chandellier en bois. — 5 petits sacs en toille. — 1 bourse à jeu. — 1 pacquet de clefs. — 7 livres reliés et 1 porte-crayon en cuivre.

Ce fait, avons procédé à l'inventaire des livres composant la bibliotèque, qui nous ont été représentés par la citoyenne Lecomte comme suit :

Premièrement tragédies en 5 actes, reliées en carton.

Le Comte de Varvik.
Adélaïde du Guesclin.
Mustapha et Zeangir.
Adélaïde de Hongrie.
Les Loix de Minos.
Œdipe chez Admette.
Iphigénie en Tauride.
La Mérope française.
Les Barmecides.
Inès de Castros.
Les Troyennes.
Spartacus.
Britanicus.
Maximien.
Arminius.
Polixène.
Rodogune.
Pénélope.
Philoctète.
Orphanis.
Gustave.
Tancrède.
Ariane.
Bajazet.
Zulica.
Zuma.
Sanson.
Médée.
Oreste.
Horace.
Didon.
Olimpie et Mahomet.

Suite en brochures de papier.

Bayard ou le siège de Mezure.
La Ligue des fanatiques.
Iphigénie en Tauride.
Mustapha et Zeangir.
Alzire ou les Américains.
Nadir ou Thomas Couli-Kan.
Caïus, Marcïus, Coriolan.
Radamiste et Zénobie.
Gabriel de Vergi.
Irza ou les Illinois.
Œdipe chez Admette.
Pierre le Grand.
Le Comte Dessex.
Astrée et Thieste.
Andromaque.
Hypermenestre.
Spartacus.
Jean Calas.
Les Druides.
Iphigénie.
Aristomène.
Romeo et Julliette.
Le Duc de Foix.
Arianne.
Venceslas.
Childéric.
Rodogune.
Mitridatte.
Azemir.
Gustave.
Philoctète.
Le Roy Léard.
Coriolan.
Mérope.
Nicomède.
Olimpie.
Esther.
Charles neuf.
Cinna.
Elextre.
Irène.
Zamir.
Les Scithes.
Athalie.
Zayre.
Armide.
Caliste.
Cirus.
Didon.
Le Cid.

COMÉDIES EN 5 ACTES, RELIÉES EN CARTON.

Le Jaloux sans amour.
Le Paysan magistrat.
L'Important de cour.
Le Bourgeois gentilhomme.
Le Légataire universel.
Les Dehors trompeurs.
Le Malheureux imaginaire, trois brochures.
Le Tambour nocturne.
Le Fabricant de Londre.
La Fille petit maître.
Le Caffé ou l'Écossaise.
Le Philosophe marié.
Le Jaloux désabuzé.
Le Mari confident.
La Force du naturel.
La Métromanie.
Le Festin de Pierre.
Le Tuteur dupé, deux brochures.
L'Andrienne.
Les Deux Amis.
L'Indigent.
Tartuffe.
Mélanide.
L'Avare.
Ramir.
Le Méchant.
Turcaret, trois brochures.
Le Glorieux.
Roseïde ou l'Intriguant, trois brochures.
La Femme juge et partie, deux brochures.
La Maison de Molière, deux brochures.
Le Père de famille.
Le Comte de Valtron.
Démocrite amoureux.
La Comtesse d'Orgeuil.
Tom-Jones et Fillamar.
Le Philôsophe sans le sçavoir.
Les Bourgeoises à la mode.
Le Médecin par occasion.
Le Bourgeois gentihomme.
La Femme qui ne parle point, deux brochures.
Le Baron d'Albicrak.
La Maison de Molière, deux brochures *(bis)*.
Le Tambour nocturne (bis).
Le Chevalier à la mode.
Lanval et Vivianne.
Le Jaloux désabuzé.
La Fille capiteine.
L'Égoïsme, quatre brochures.
Le Jaloux.
Le Séducteur.
Le Menteur.
La Gouvernante, deux brochures.
Le Glorieux.
L'Inconstant.
L'Indigent.
L'Écolle des mères.
L'Avare.
Le Déserteur.
Les Fils ingrats.
Jeneval.
L'Écolle des pères.
L'Olimpiade.
Ésope à la cour.
Le Tuteur dupé, deux brochures.
Eugénie.
Le Joueur.
Le Légataire.
Les Philosophes.
Turcaret.
L'Étourdi.
Le Dissipateur.
La Métromanie.
L'Obstacle imprévu.
Jodellet, maître et vallet, deux brochures.
Le Malheureux imaginaire, trois brochures.
L'Écolle des femmes.

COMÉDIES EN 3 ACTES, RELIÉES EN CARTON.

Le Mariage interrompu.
Le Bienfait anonime.
Le Malade imaginaire.
Pourceaugnac.
Le Mariage fait et rompu.
La Partie de chasse.
La Mère jalouse.
L'Écolle des jalloux.
Les Contretems.
Le Grondeur.
Jeannot et Colin.
L'Amour uzé.
Le Perssifleur.
L'Officieux.
Fanni.
Soliman second.

Brochures en papier.

La Double Extravagance.
Le Chevalier français.
L'École des bourgeois.
Soliman second, deux brochures.
Le Mariage fait et rompu.
Les Fourberies d'Escapin.
Timon le Misantrope.
Les Fausses Confidences.
La Brouette du vinaigrier.
Le Mariage interrompu.
Le Mariage secret.
Nouvelle École des femmes.
La Surprise de l'Amour français.
La Partie de chasse.
La Coquette de village.
La Mère confidente.
La Feinte par amour.
Le Conteur ou les Deux Postes.
La Coquète fixée, deux brochures.
La Double Inconstance.
L'Anglomanie.
Le Faux Savant.
Le Poëtte suposé.
La Fille arbitre.
Le Procès de Socratte.
Jean Ennuyer.
Les Contretems.
Jeannot et Colin.
Les Étourdis, deux brochures.
La Fausse Agnès.
La Belle Fermière.
L'Avocat Pattelin.
Zélenie.
L'Officieux.
L'Orphelin.
Le Mari garçon.
Les Caquets.
La Gageure.
L'Amant bourru.

COMÉDIES EN 1 ACTE, EN BROCHURE DE PAPIER.

Les Trois Garçons.
L'Apparence trompeuze.
Les Trois Frères rivaux.
La Pupille, deux brochures
Les Deux Billets, deux brochures.
La Coursse ou les Jokays.
Crispin précepteur.
Les Fausses Infidellités.
L'Impertinent.
L'Heureuze Rencontre.
Arlequin Hulla.
Les Vacances.
Le Deuil, deux brochures.
Le Marchand de Smirne, deux *idem.*
La Sérénade.
Le Couvent.
Agnès de Chaillot.
Le Mariage de Jullie.
L'Esprit de contradiction.
La Soirée des boulevards.
Le Procureur arbitre.
L'Anglois à Bordeaux.
La Fille comme il y en a peu.
L'Impatient, trois brochures.
Le Somnambule.
Ésope au boulevard.

20e VACATION (12 germinal).

Continuation de l'inventaire de la bibliothèque.

SUITE DES COMÉDIES EN 1 ACTE, BROCHÉES EN PAPIER.

La Manie des arts.
La Gajeure du village.
Le Réveil d'Ipiménide.
Heureusement.
Attendés-moi sous l'orme.
Le Fat puni.
Les Mœurs du temps.
L'Aveugle par crédulité, deux brochures.
Le Soupé mal aprété.
Mirabeau aux Champs-Élizées.
La Mort de Bucéphalle.
La Follie du jour.
L'Amour françois, deux brochures.
La Maison de campagne.
La Gajeure imprévue.

La Jeune Indienne.
Le Souper d'Henry 4.
Fanfan et Colas.
Le Mauvais Ménage.
Le Babillard, deux brochures.
Izabelle et Gertrude.
La Fausse Inconstance.
Le Nouveau Parvenu.
L'Amant auteur et vallet.
Crispin bel esprit.
L'Isle déserte.
L'Heureuse Erreur.
Le Consentement forcé.
Les Rivaux amis.
Le Cercle.
L'Impromptu de campagne.

COMÉDIES EN 2 ACTES, MÊME BROCHURE.

Le Convalescent de qualité.
Les Porte-Feuilles.
L'Époux par supercherie.
L'Aînée et le Cadet.
Le Florentin.
Adélaïde ou l'Enthipathie pour l'amour.
Les Persans à Paris.
L'École de l'adolescence.
Le Dépit amoureux.
Le Français à la Grenade.

OPÉRAS EN 1 ACTE, RELIÉS EN CARTON.

La Réconciliation villageoise.
La Petite Iphigénie, parodie.
Raton et Rozette, parodie.
Les Deux Miliciens.
Le Magazin des modernes.
Les Racoleurs.
Sancho-Pança.
On ne s'avise jamais de tout.
Cassandre astrologue.
Lucille.
La Clochette.
Le Coq du village.
Le Jardinier supposé.
La Servante justiffiée.
Les Aveux indiscrets.
Aristote amoureux.
Les Fêtes de l'hymen.
Gabriel de Passi.
La Mélomanie.
Les Sabots.
Rogé Bontems, parodie.
Blaise le savetier.
Les Fêtes de la Paix.
Annette et Lubin.
La Fête d'amour.
La Ressource comique.
Georget et Georgette.
Le Milicien, deux brochures.
Le Cadix dupé.
Les Femmes et le Secret.
Les Nimphes de Diane.
Le Serrurier.
Les Deux Chasseurs.

Brochures en papier.

Le Tonnelier.
Les Sabots.
Le Tableau parlant.
Les Vandangeurs.
Rose et Colas.
Les Trois Souhaits.
Les Femmes vengées, 2 vol.
Les Deux petits Savoyards, trois brochures.
Le Milicien.
Blaise le savetier.
La Viellesse d'Annette et Lubin.
La Chercheuse d'esprit.
La Clochette.
Le Serrurier.
Les Troqueurs.
L'Erreur d'un moment.
Les Pêcheurs.
Nina.
Silvain.
Cassandre occuliste.
Georges et Georgette.
Lucille.
Pigmalion.

Opéras en deux brochures de papier.

La Fausse Magie.
Renaud d'Ast.
Alexis et Justine.
Les Deux Avares.
La Colonie.
Le Faux Lord.
Le Sorcier.
Les Dettes.
Mazet.
Le Maître en droit.
Les Voyages de Rosine.
La Bohémiene.
Le Comte d'Albert.
Le Huron.
Toinon et Toinette.
L'Amitié à l'épreuve.
Fleur d'épine.
Les Sabots perdus.
Les Trois Fermiers.
L'Aveugle de Palmir.
L'Épreuve villageoise.
Le Soldat françois.
Le Peintre amoureux.
Les Souliers mordorés.
Le Magnifique.
L'Officier de fortune.
Le Maître de musique.

Opéras en 2 actes, reliés en carton.

Le Maître de musique.
L'Isle des foux.
Sara.
Les Deux Avares.
La Colonie.
Le Maréchal ferrant.
Le Huron.
Perrein et Lucette.
L'Aveugle de Palmir.
Fleur d'épine.
Les Sabots perdus.
Mazet.
La Servante maîtresse.
Le Magnifique.

Opéras en 3 actes, reliés en carton.

L'Ami de la Maison.
Le Roy et le Fermier.
Le Déserteur.
L'Isle sonnante.
Raoul Barbe-Bleue.
La Bataille d'Ivry.
La Rencontre imprévue.
Tom-Jonnes.
La Rosière de Salency.
Richard Cœur de Lion.
Le Baiser.
Les Rêveries renouvelées des Grecs.
Les Événements imprévus.

Opéras en 3 actes en brochures de papier.

Orphée et Euridice.
Camille.
La Belle Arsène.
Zémire et Azord.
Le Jugement de Midas.
L'Amant jaloux.
La Dot.
La Caravanne.
Le Déserteur.
Le Baiser.
Azemia.
Aucassin et Nicollette.
Colinette à la cour.
La Rosière de Salenci.
Les Événements imprévus.
Alceste.
Julie.
La Bonne Fille.
Nicodème dans la lune.
Le Roy Théodore à Venise.
L'Amoureux de quinze ans.
Le Diable à quatre.
L'Infante de Zamora.
Raoul, sire de Crequi.
Le Roy et le Fermier.
Le Droit du Seigneur.
Richard Cœur de Lion.
Les Rêveries.
Le Mariage samnites.
Renaud.
Le Poëtte supposé.
La Nouvelle Omphale.

PIÈCES DE THÉATRE RELIÉES EN VEAU.

Théâtre de M***, un volume.
Théâtre de Corneille, huit volumes.
Théâtre de Florian, un volume.
Théâtre itallien, un volume.
Théâtre de Hauteroche, un volume.
Théâtre de Guerard, trois volumes.
Théâtre de Dancourt, quatre volumes.
Théâtre de Boissy, cinq volumes.
Théâtre de Brucis, quatre volumes.
Théâtre de Legrand, deux volumes.
Théâtre de Belloy, trois volumes.
Théâtre de Fagant, trois volumes.
Théâtre de Quinault, deux volumes.
Théâtre de Molière, un volume.
Théâtre de Racine, un volume.
Théâtre de Marivaux, un volume.
Théâtre de Boursault, un volume.
Théâtre de Nericault-Detouche, trois volumes.
Théâtre de Voltaire, deux volumes.
Théâtre de Haute-Roche, un volume.
La Chaussée, un volume.

PIÈCES DE THÉATRE MANUSCRITES.

Philipe et Georgette, fournie sous l'administr[n] de la citoyenne Dorfeuille.
Otello.
Les Cent Louis.
La Matinée du Jardin-Public.
Ustu brelu.
Qui mal veut mal arrive.
Les Héroïnes françaises.
Jean ennuyer, évêque de Lizieux.
Le Pupitre ou Postillon de qualité.
Le Défiant.
L'Infante de Zamora.
Le Triomphe de l'humanité.
L'Amitié à l'épreuve.
Raoul Barbe-Bleue.
Le Marquis de Tullipano.
L'Écolle des parvenus, donné sous l'administration du citoyen Dorfeuille.
La Famille parisienne.
L'Acceptation de la Constitution.
Les Persans à Paris.
Gros Guillaume ou l'Héritage.
La Jeune Hôtesse, donnée sous l'administration de la citoyenne Dorfeuille.
Le Conciliateur, idem.
Et finallement *le Comte de Comeinge*, en grande brochure de papier bleu.

21e VACATION (13 germinal l'an 3e).

Sommes montés au premier étage, passant par l'escallier du concierge, et avons été conduits à la loge n° 3 composée de deux pièces, et avons trouvé dans la première : 4 armoires à placarts et 1 petit trumeau à cadre gris à la cheminée.

Dans la seconde pièce : 2 armoires à placarts, dont l'une à deux portes, 1 fauteuil dégradé avec ses coussins de velours d'Utrec cramoizi. —

3 chaises de paille peintes en gris. — 2 *idem* communes. — 1 table longue à quatre pieds, bois de nerva, peinte en noir et brun. — Et 1 petit poëlle de fayence avec son tuyeau, apartenant au citoyen Brochard.

Sommes passés dans la loge n° 4 où avons trouvé 1 glace de trente pouces à cadre doré. — 1 placart à une porte peinte en gris tenant au mur.

Et le citoyen Pacher a observé qu'il y avoit dans un autre engle de la loge un placart pareil au précédent qui a été enlevé.

2 petites tables bois de sapin à quatre pieds, dont l'une a un tiroir. — 5 chaises communes et 1 en bois de sérizier. — 1 petit grillage à la cheminée et 1 petit portementeau.

Sommes passés dans la loge n° 5 où avons trouvé 2 armoires à placarts à une porte placées dans les angles. — 2 tables à quatre pieds bois de sapin. — 6 chaises communes et 2 portementeaux.

Sommes passés dans la loge n° 6 où avons trouvé 1 armoire à une porte peinte en gris. — 1 petite armoire *idem*. — 1 *idem* bois de sapin. — 2 tables façon de traiteaux peintes en gris. — 4 chaises communes. — 1 *idem* peinte en gris.

Sommes passés dans la loge n° 7 où avons trouvé 1 armoire à une porte bois de sapin peinte en rouge. — 1 table bois de sapin. — 1 table longue en forme d'armoire, à auteur d'appui, bois de sapin. — 3 chaises communes.

Avons observé sur la réquisition du citoyen Pacher qu'il y a un grand carreau verre de Bohême cassé à la croisée.

Sommes passés à la loge n° 10 où avons trouvé 1 armoire à deux portes à auteur d'appuy. — 1 petite table soutenue par un crochet. — 2 chaises communes, dont une grise et 1 portementeau.

Sommes passés sur le pallier de l'escallier, au premier étage, où avons trouvé 1 placart à trois portes.

Sommes passés à la loge n° 1 où avons trouvé 1 petit poëlle de fayence avec ses tuyeaux. — 1 cabinet à placart à 6 portes. — 1 grande table. — 4 portementeaux. — 3 chaises communes.

Sommes passés dans la loge n° 2 où avons trouvé 1 armoire. — 2 tables bois de sapin. — 5 chaises communes.

Sommes montés dans la loge n° ——— où avons trouvé 1 placart dans le mur. — 4 portementeaux. — 1 table pliante. — 1 planche servant de table. — 2 chaises communes.

Sommes passés à la loge n° 12 où avons trouvé 1 armoire à quatre portes et 1 table atenant. — 1 ditto à deux portes. — 1 *idem* couvert. — 1 chaise et 2 portementeaux.

Sommes passés dans la loge n° 13 où nous avons trouvé une encoignure. — 1 armoire à une porte. — 1 petite table. — 1 *idem* de longueur. — 3 portementeaux et 4 chaises communes.

Sommes passés à la loge n° 14 où avons trouvé une encoignure. — 1 tablette et 1 à pied. — 2 portementeaux et 2 chaises communes.

Sommes passés dans la loge n° 15 où nous avons trouvé 1 buffet à deux portes. — 1 petite armoire. — 1 autre *idem*. — 4 portementeaux et 3 chaises communes.

Et sommes passés à la loge n° 16 où avons trouvé 1 placart, une encoignure. — 1 buffet suspendu à quatre portes. — 1 dito à une. — 1 planche en forme de table. — 3 chaises communes. — 3 portementeaux et 1 paire de chenets.

22e Vacation (18 germinal an III).

Sommes montés à la loge n° 9 où nous avons trouvé 4 chaises communes et 1 portementeau.

Sommes montés à la loge n° 17 où nous avons trouvé 1 armoire à deux portes. — 1 *idem* à une. — 2 tablettes, dont une à quatre pieds. — 1 table à quatre pieds. — 4 portementeaux. — 10 chaises et 1 tabouret, le tout commun.

Loge n° 17 *bis*. 1 petite armoire à une porte. — 2 encoignures. — 2 portementeaux. — 1 tablette longue et 4 chaises communes.

Sommes montés à la loge n° 23 où avons trouvé 1 encoignure. — 1 armoire à placart à une porte. — 1 tablette. — 5 chaises communes et 2 portementeaux.

Sommes passés à la loge n° 24 où avons trouvé 1 armoire à placart, dont la serrure appartient au citoyen Machemin.

Sommes passés à la loge n° 25 où avons trouvé 4 étagères pour les casques. — 4 *idem*. — 3 rideaux. — 1 tablette et 1 chaise.

Sommes passés aux n°s 26 et 27, qui se communiquent, où avons trouvé 1 buffet à hauteur d'apui à six portes. — 2 petits cabinets. — 1 tablette. — 1 *idem*. — 5 portementeaux. — 7 chaises. — 1 grande planche attachée au mur. — Mêmes armoires et portementeaux que celles énoncées au 26 et 1 encoignure de plus.

Sommes passés à la loge n° 29 où avons trouvé 1 table à deux traiteaux. — 2 tablettes et 2 chaises et 1 tabouret.

Sommes passés au palier de l'escalier où avons trouvé 1 grande armoire à coulisse sans fond.

Sommes passés à la chambre des armes où avons trouvé 2 petites armoires.

Sommes montés au ceintre où avons trouvé 2 armoires aux ouvriers. — 3 chaises.

Sommes ensuite montés à l'attellier du menuisier où avons trouvé 10 établis et 3 vallets.

Sommes dessendus sur l'escalier, près l'appartement du machiniste. 1 poëlle en fayence sans tuyeau.

Loge des citoyennes des cœurs, composée de deux chambres. Dans la première avons trouvé 2 armoires peintes en vert attachées au mur. — 1 tablette couverte de toille cirée. — 4 portementeaux. — 9 chaises communes. Dans la seconde, 1 armoire à placart. — 3 tables. — 1 poëlle en fayence avec son tuyeau et 6 chaises communes.

Sommes dessendus à la loge des figurans où avons trouvé 1 buffet à auteur d'appuy à douze portes, dont quatre portes ont été enlevées sous l'administration du citoyen Brochard. — 2 tables sur traiteaux. — 2 armoires à une porte établies sur chaque bout de buffet et 1 petit cabinet à deux portes à auteur d'appuy. — 6 chaises.

Sur le pallier de l'escalier, 1 bacquet.

Loge du citoyen Blache. 2 armoires à placarts peintes en jaune. — 1 coffre à deux tiroirs sans serrures. — 1 tablette attachée au mur. — 5 chaises communes et 2 portementeaux.

Loge des figurantes : 1 buffet à auteur d'apui à seize portes. — 11 portementeaux. — 1 table sur traiteaux. — 6 chaises communes.

Sur le pallier de l'escalier : 2 armoires à placarts et 1 bacquet.

Sommes entrés dans la loge de la citoyenne Rochet où avons trouvé 2 armoires à une porte peintes en gris et bleu. — 2 *idem* à placarts. — 4 chaises communes et 2 portementeaux.

Sommes descendus dans le foyer du public, du côté de la porte : 1 glace de cinq pieds sur deux pieds neuf pouces de largeur avec son cadre en bois. — 1 pendulle. — 6 banquettes couvertes du velours d'Utrec cramoizi.

Le citoyen Pacher nous a observé, comme il nous a paru, que le velours desdittes banquettes est presque dans sa totalité uzé et ont besoin d'être recouvertes.

1 paire chenets avec leurs peinces. — 1 garde-feu. Et par le citoyen Pacher a été observé qu'il y avoit 1 pelle qui n'y est plus. — 2 armoires à placarts.

Sommes montés à la chambre des comptes où avons trouvé 1 table en forme de pulpitre à quatre tiroirs. — 1 armoire à deux portes. — 1 garde-feu en er blanc. — 17 boules d'éteing. — 3 boiëttes pour les postes. — 1 canapé. — Toutes les cases à billets. — 2 tabourets et 1 chaise.

23e Vacation (1er floréal an III).

Avons été conduits à l'appartement de l'administration où avons trouvé 1 bureau ou comode bois de noyer à quatre tiroirs garni en cuivre doré. — 1 grande table à quatre pieds bois de noyer et sapin, qu'on nous a dit apartenir au muzée. — 1 mauvaise table bois de sapin.

Et étant montés par un petit escalier en bois dans une petite chambre, où le citoyen Pacher nous a observé qu'il y avoit trois rangs de rayons en bois qui ont été enlevés sous l'administration du citoyen Brochard et compagnie.

Dans la seconde chambre dudit apartement : 1 tappisserie en camayeu à desseins rouges. — 1 lit de quatre pieds à la polonoise avec ses roullettes à equère. — 1 paillasse de toille à petits carreaux en mauvais état. — 2 matelats de laine couverts de toille à carreaux. — 1 lit de plume à petit traits, la housse du lit composée de quatre rideaux en camayeu, la courte pointe, le chanstourné, fonds, pentes et impérialle, le tout en camayeu, desseins chinois.

Et le citoyen Pacher a observé que sous l'administration du citoyen

Dorfeuille le lit étoit composé d'un sommier de crein, d'un coussin et d'une couverture de leine.

Et par la citoyenne Dorfeuille a été répondu que lorsqu'elle fut privée de la liberté, le lit étoit entièrement complet, et qu'il étoit placé dans l'appartement des acteurs de Paris.

Et la citoyenne Brochard, ici présente, a répondu, qu'en effet, le lit dont il s'agit étoit dans l'appartement des acteurs de Paris, qu'elle ne vint loger au spectacle que bien des jours après son mari, et qu'à ladite époque elle n'avoit aperçu ni saumier de crein, ni coussin, ni couverte de leine.

Et le citoyen Pacher a encore observé que dans la première chambre il y avoit trente-deux tableaux à cadre noir représentant divers personnages, et sept à huit autres à cadre doré, à estempes, qui se trouvent à dire.

Et par la citoyenne Dorfeuille a été répondu que lorsqu'elle fut mise en arrestation elle avoit serré tous lesdits tableaux et estempes dans l'armoire à rayon de la petite chambre haute, et qu'ils ont dû nécessèrement être enlevés lorsqu'on a déplacé les rayons sous l'administration de Brochard et compagnie.

Observe encore le citoyen Pacher qu'il y avoit une tenture de tapisserie sur toille jaune.

Dans ladite seconde chambre il y a un trumeau de cheminée, dont la glace de trois pieds sur deux pieds et demi de large, ledit trumeau à païsage. — 1 foyer garni en cuivre doré, les peinces et peincettes garnies en cuivre doré ne s'y trouvent pas.

Troisième chambre appellée le grand sallon : 1 grande glace en deux posée dans un cadre doré, dont celle de dessus, en deux pieds de haut sur deux et demi de largeur, se trouve cassée en plusieurs morceaux, sous l'administration de la citoyenne Dorfeuille qui en est convenue.

Une autre grande glace en deux parties dans sa bordure à cadre doré servant de trumeau à la cheminée.

1 lenterne à verre bombé de cuivre doré en couleur, qui se trouvera chès le citoyen Herault, tapissier. — 1 tenture de tapisserie en moire bleu et blanc rayé. — 4 rideaux de taffetas à carreaux bleus et blancs servant aux deux croisées.

Plus les draperies de dessus de pareil taffetas garnies de frange et glands en soie, ces deux derniers articles ayant été portés chez le citoyen Herault.

Et le citoyen Pacher a observé que les baguettes peintes en gris qui encadroient les tapisseries ont été enlevées.

Et la citoyenne Dorfeuille a dit que lesdittes baguettes avoient été portées dans un grenier.

Et à l'égard des autres objets qui devoient se trouver dans ledit sallon, il en sera fait recherche dans les autres appartements que nous avons à parcourir, où ils ont pu être transportés.

Dans la quatrième chambre : 1 grand poëlle de fayence sans tuyeau.

Sur quoi le citoyen Pacher observe qu'il y en avoit. A quoi la citoyenne Dorfeuille a répondu qu'ils étoient dans la loge des chanteuses de chœur.

2 armoires parallèlles, chacune à une porte, peintes en gris, l'une entièrement vuide, et sur la serrure de l'autre le scellé s'y trouve apposé par six cachets du Club national, le 13 thermidor l'an 2, par les citoyens Pierre Cambon et Antoine Brissaut, commissaires dudit Club.

Et le citoyen Granger nous ayant déclaré que ladite armoire contient des effets des ci-devant églises, et qu'il nous paroît intéressent d'en constater la quantité et la qualité dans l'intérêt de la nation, ordonnons que nous nous ferons autoriser à les lever.

Dans la cinquième chambre : 1 fonteine en éteing et son bassein *idem*.

Sommes montés par un petit escalier en bois dans une petite chambre dans laquelle il s'est trouvé 1 commode à la régence à deux tiroirs, avec son marbre gris, dépendant de l'appartement de la direction.

24e Vacation (2 floréal an III.)

Sommes montés à la cuisine de l'administration où avons trouvé 1 vielle table ronde à jeu.

Et le citoyen Pacher a observé qu'il y manquoit 2 grillages de fourneaux et 1 tourne-broche avec sa chaîne.

Et par la citoyenne Dorfeuille a été répondu que lesdits objets existoient lors de son arrestation.

Sommes ensuite montés dans l'appartement ci-devant occupé par le citoyen Brochard, où avons trouvé 2 carreaux de vitre cassés. — 1 bois de lit bois de noyer. — 6 fauteuils moire de soye faisant partie des 12 fauteuils de la direction, en partie déchirés.

Sommes passés dans un petit apartement à côté du précédent, où avons trouvé un trumeau dont la glace a vingt-huit pouces sur treize.

Et le citoyen Pacher a observé qu'il se trouve deux carreaux de vitres cassés.

Sommes passés dans l'appartement occupé par le citoyen Durinval, où avons trouvé 4 fauteuils avec leurs housses faisant partie de ceux du grand apartement. — 1 glace dépendante du grand appartement. — 1 trumeau et son tableau. — 1 fauteuil de canne. — 9 petits tableaux.

Sommes passés dans l'appartement ci-devant occupé par Parmentier, où avons trouvé la bibliotèque dépendante du grand apartement. — 1 consolle à pied doré avec son marbre blanc dépendante du sallon du grand apartement. — 2 grands rideaux camayeu chinois provenant de l'alcôve du grand apartement, et avons trouvé un carreau de vitre cassé.

Sommes dessendus dans le sallon du grand apartement où avons trouvé 2 fauteuils de moire de soye.

Et le citoyen Pacher a observé qu'il manque 8 housses aux fauteuils de soye, plus 6 petits fauteuils de paille garnis de leurs carreaux en camayeu semblables au lit, lesquels dits carreaux ont été défaits pour racommoder le lit par la citoyenne Dorfeuille.

A de plus observé le citoyen Pacher qu'il existoit dans l'appartement de l'administration 1 foyer dans la cheminée du sallon, 1 feu à recouvremént en cuivre avec vases dessus avec pelle et peincette, le tout doré en or moulu.

Et par la citoyenne Dorfeuille a été observé qu'elle l'avoit laissé dans le dit sallon à l'époque de son arrestation

A ensuite observé le citoyen Pacher qu'il y manquoit une grande table à pliant.

Et par la citoyenne Dorfeuille a été observé qu'elle est chès le citoyen Labroste.

A encore observé le citoyen Pacher qu'il manque 1 table à jeu bois de noyer avec son petit tapis vert, 1 petit cabaret bois de sapin peint en gris, et 2 chandelliers argentés, et 1 placart peint en gris.

Et par la citoyenne Dorfeuille a été répondu qu'elle n'a jamais vu le petit cabaret peint, que quant à l'autre table elle étoit en si mauvais état que l'on y metoit les cruches dessus; que le petit cabinet à placart est en son pouvoir.

Le 4 prairial troisième année. Nous, Jean Latour, juge de paix de l'arrondissement Dominique, vu l'ordonnance du Directoire du District, du 18 floréal dernier, qui nous autorise à lever les scellés apposés sur une armoire peinte en gris par les citoyens Pierre Cambon et Briffaut, commissaires du Club national, et de faire inventaire des effets qui y sont contenus, les déposer en mains sûres jusqu'à ce que l'apport au magazin national en soit ordonné, nous nous sommes transportés audit appartement pour procéder en exécution de ladite ordonnance, ou étant en compagnie du citoyen Bonnaffé, notable, nous sommes fait assister des citoyens François Clavel, tailleur du magazin, et Louis Machemin, concierge du Grand-Théâtre, citoyens actifs, à défaut de notables adjoints, desquels avons reçu le serment au cas requis, et après avoir reconnu les scellés apposés sur ladite armoire par lesdits commissaires sur un carré de papier à six cachets, seins et entiers, avons enjoint au citoyen Nicolas Marchand, machiniste du théâtre, d'enfoncer la serrure de ladite armoire. A quoi ayant déféré avons procédé à l'inventaire dont s'agit, tant en présence desdits citoyens actifs que de celle des citoyens Pacher représentant le citoyen Albert, que du citoyen Granger, représentant les citoyens Brochard et compagnie et la citoyenne Dorfeuille ainsi qu'il suit :

2 chazubles, 1 tunique fond blanc, bouquet vert, violet et rouge, en soie or et argent. — 1 chazuble de damas blanc avec sa tunique. — 2 chazubles en velours naquara. — 1 chazuble de moire grise, bordure damassée gris et blanc. — 3 chapes. — 2 tuniques. — 1 chazuble et 1 ceinture de moire cramoizie. — 5 chapes de damas roze. — 2 chazubles fonds gris en soye et à bouquets de plusieurs couleurs.

1 chape et 1 tunique de damas violet, bordure satin violet, bouquet argent et soie de plusieurs couleurs. — 1 chape et 2 tuniques fonds blancs, bouquet or et soie de couleur. — 1 chape de droguet fonds blanc, bouquet jaune, bordure de tissus d'or. — 1 chape de damas blanc, bouquet en or, argent et soye de plusieurs couleurs, tissu d'or.

1 chape de damas fonds gris, bouquet or et soie. — 1 tunique de damas blanc brochée en or et soye violet et vert. — 1 tunique de velours cramoizi avec une croix dessus, tissu d'or. — 3 chapes de damas fonds gris, bouquet or et soie en couleur. — 2 chapes de damas blanc, bouquet *idem*. — 2 chapes *idem*, bouquet de soye de couleur. — 1 chape de droguet blanc, bouquet sans bordure satin vert. — 1 chape de damas blanc, bouquet or et soie de couleur.

1 chape *idem*, bouquet *idem*, observant que les bandes et chaperon ont été enlevés. — 1 chape *idem*, bouquet *idem*, bordure tissu en or. — 1 chape *idem*, bouquet *idem*, gallonée.

1 tunique et 1 chazuble ______ ponçeau. — 3 chapes en velours noir. — 2 tuniques et une moitié de chazuble de velours noir. — 1 voille de pou de soye.

Plus 35 étolles de différentes couleurs et grandeurs, dont une brodée en or à deux fasses. — 2 morceaux et diférents petits morceaux de velours cramoizi brodés en or de couleur, qui restent d'un dex ou ornement d'église. — 10 morceaux de diférentes étoffes en soie brochés or et argent. — 2 voilles, un de damas couleur de feu et l'autre de moire cramoizie. — 1 voile broché, fonds or, doublé de taffetas cramoizi. — 1 *idem* broché en or et soye fond blanc. — 1 *idem* sans doublure.

3 morceaux de taffetas de diférentes couleurs. — 1 morceau de serge écarlatte formant un tapis. — 2 débris de chape, tant en toille qu'en étoffe. — 26 glands en or et soie. — 4 morceaux de gallon or, à peu près de demi-aune chaque. — 2 napes d'autel de toille unie. — 1 pacquet de morceaux de toille et de dentelle antique.

Tous lesquels effets ci-dessus inventoriés avons remis et déposés dans les mains du citoyen Chauveau, dit Lespérance, garde magazin du théâtre, qui s'en est chargé pour entretenir le tout et les représenter à qui de droit.

Et le citoyen Granger nous a declaré qu'il a fait porter ches lui tous les effets compris dans un état qui fut fait par le citoyen Brochard et signé du déclarant, qu'il représentera lorsqu'il en sera requis; de tout quoi avons fait et dressé le présent verbal auquel avons annexé le carré de papier du scellé par nous levé et ont toutes les parties dénommées signé avec nous.

25e Vacation (13 prairial an III).

Décorations du Théâtre appartenantes à l'encienne administration.

La décoration du bazard, dans la *Caravanne,* consistant en 6 châssis de chaque côté, 1 fonds, 1 obélisque, 4 petites tantes et 1 grande avec son fonds.

La décoration d'*Armide,* consistant en 5 châssis de chaque côté et 1 fonds, sur un des châssis se trouve un trou.

1 chambre mozaïque consistant en 5 chassis de chaque côté, 1 ferme, 1 fonds, 1 *idem* petit et plaphon de draperie.

1 fonds de gallerie ayant à chaque côté un châssis.

1 temple souterrein pour *Éphigénie en Tauride,* en toille vollante, consistant en 3 coullisses de chaque côté et 1 fonds, plus 1 fonds d'orage et 3 nuées de toile volente, 1 grand châssis de chaque côté figurant des nuées.

1 fonds de jardin.

1 autre fonds faisant l'intérieur du palais et formant le senctuaire d'*Éphigénie en Tauride.*

1 *idem* servant dans l'isle ______ d'*Armide.*

1 arbre pour *idem.*

1 banc de gazon, du terrein, la rivière composée par deux planchers soutenus de cinq traiteaux.

La démolition du palais d'*Armide* composée de 6 collonnes, d'un soubassement, d'un frontón et son entaplement et de 4 châssis doubles, 3 plaphons, 1 petit fonds et 1 grand.

Et le citoyen Pascher, audit nom, nous a observé que ladite décoration est hors d'état de service.

Et par la citoyenne Dorfeuille a été répondu que les dégradations ont été commises sous l'administration de Brochard et compagnie qui s'en sont servis dix-huit mois.

Le Char d'*Armide,* composé de quatre vapeurs en nuées, l'autre char représentant deux dragons ailés avec un souflet.

Et le citoyen Marchand, machiniste, a observé qu'il y avoit des dégradations à la tête des dragons et aux deux bavettes en toille volente qui proviennent de l'uzage.

Le temple des Philistins dans *Samson* composé de deux collonnes de démolition, les deux châssis doublés, 1 plaphon, 1 *idem* petit, 1 pantallon à colonnes, 4 petits châssis de ruines, 2 autres grands, 1 autre pour le milieu de la niche.

Et le citoyen Pacher a observé que les deux collones ont été dénaturées pour être employées aux Variétés.

Le temple d'*OEdipe à Colonne,* composé d'un châssis double et d'un simple, un fonds représentant un fonds antique, son marchepied et un autre petit châssis pour le fond du temple.

2 pavillons pour le *Droit du Seigneur,* 2 charmilles de chaque côté, un autre pavillon forment le fond du théâtre, 3 marchepieds pour le pavillon et 8 petits vases à fleurs.

La prise de *Richard Cœur de Lyon,* composée d'un grand châssis double, 1 autre portant la grille, 1 autre faisant fonds, 1 autre fonds, 1 autre faisant épaisseur d'un grand terrein qui traversse le théâtre, 2 *idem* petits, 1 autre châssis double avec une porte, et la genthilômière composée de 3 châssis, et 1 fonds faisant l'intérieur.

1 grande grille pour *Collinette à la cour* qui traversse tout le théâtre, 1 ferme transparante traverssant de même le théâtre, avec son entaplement, une grande fonteine, 1 terrein au-devant, 1 batti avec cileindre derrière, quatre échelles pour supporter les lumières derrière la ferme.

La prison du *Sire de Créqui* composée d'un châssis à trois brisures servant de fonds, un autre châssis —— servant de mur —— fonds et un plaphon, 1 autre —— châssis servant de mur d'épaisseur.

Et le citoyen Marchand, machiniste, a observé que les bois de cette décoration ont été pris à la salle de bal.

2 grands châssis pour *la Prize de la Bastille,* représentant deux tours, 1 grand terrein traverssant le théâtre, représentant les remparts intérieurs, un autre châssis représentant une cheminée, deux autres petits châssis représentant deux lits, un autre petit *idem* représentant une petite fenêtre, 2 petits portiques, une ferme représentant l'arsenal (bois employé pris de la salle du bal).

Pour *Athis.*

1 apothéoze composée de quatre roues de nuées de chaque côté. —

2 plaphons. — 1 grand fonds. — 1 plancher de glois, son dossier et sa deventure. — 1 gallerie composée de deux châssis peints en balustres, et 2 *idem* pour fermes. — La rempe et le char de Cibelle.

Pour *Didon.*

1 châssis de chaque côté. — 1 fonds représentant la construction d'une ville, un terrein de construction traverssant le théâtre. — 1 bûcher et ses devantures. — 1 petit dossier de trône avec ses deux retours, son plafon, son marchepied et son siège.

Pour *Alceste.*

1 portique de temple avec son fonds. — 1 châssis. — 1 Appolon avec son pieddestal. — 1 petit châssis représentant l'hôtel de la mort.

Pour *Sargines.*

3 maisons de ruines avec châssis faisant fonds, représentant un village.

Pour *les Événements imprévus.*

Le Château composé de 3 châssis sur le devant. — 1 châssis double pour le fonds. — 1 grille avec 2 portes. — 1 petit bosquet avec son fonds figurant une cabanne.

Pour *Comeinge.*

1 fonds représentant un intérieur de couvent.

Pour *le Seigneur Bienfaisant.*

1 fonds représentant le château de Chantilly, 1 pressoir, 2 châssis de chaque côté, 2 plafonds, 1 petit fonds, 3 collonnes torses pour l'innondation. — La maison de Jullien composée de plusieurs châssis. — 4 terreins représentant des rivages. — 2 *idem* grands ouverts représentant un pont. — 2 châssis pour le fonds représentant un village. — Un autre châssis représentant une petite maison. — 2 canons et ______ en bois.

Pour *Ephigénie en Aulide.*

Le Char de Clitemnestre monté sur quatre roues. — 1 tante, ci-devant royalle, composée d'un châssis de chaque côté et 1 petite ferme, aussi de chaque côté 2 plafons. — L'autel pour le sacrifice. — 1 gloiz pour

Diane, son plancher d'osier et devantures. — 2 châssis représentant 2 navires. — La tente d'Agamemnon composée d'un seul châssis pour le devant et d'un autre plan pour le fonds.

Pour *le Capitaine Coock.*

3 petites cabannes de sauvages. — Le navire composé d'un mât, et 1 châssis de deventure, et son plancher monté sur un batti mouvent. — 1 fonds d'orizon représentant d'un côté une petite isle, de l'autre un ciel. — Le tombeau du capitaine Coock. — Le Mosaïque composé de 3 petits châssis pliants, 1 tronc d'arbre et l'inscription qu'on y suspend. — 1 châssis pour le bûcher et 1 tronc d'arbre.

Pour *le Navigateur.*

Le temple composé d'un grand châssis double représentant d'un côté une démolition. — Un autre châssis représentant une colonne. — 4 bandes de mer. — 1 terrein en deux parties traverssant le théâtre. — 16 mouffes portant chacune une âme pour supporter les bandes de mer. — La gloire de Cupidon, composée de 2 châssis de nuées. — Deux autres nuées ouvrantes. — 1 petit plafon et 1 petit fonds. — 2 petites bandes de mer. — 2 petits arbres et une petite barque. — 1 terrein avec deux petits arbres, représentant une petite isle. — 1 rotone à quatre châssis sur le devant et sur le derrière pliant, et par le citoyen Pacher a été observé qu'il y avoit des bandes de mer, et le citozen Marchand nous a déclaré qu'elles ont été employées dans *Paul et Virginie* sous l'administration du citoyen Brochard.

26e Vacation (14 prairial an III).

Continuation de l'inventaire des décorations.

Pour l'*Infante de Zamora.*

1 tour en 2 châssis pliants, 1 grotte à côté, 1 petit châssis de fonds pour *idem.* — 2 traiteaux et 1 plancher, 1 échelle pour y monter. — 3 Grâces peintes sur un châssis monté sur un pied d'estal.

Pour *Zémire et Azor.*

1 châssis pliant représentant 1 pilastre de chaque côté, avec une ouverture dans le milieu pour recevoir une glace. — 1 toille couverte

d'un papier argenté tombant derrière la glace. — 1 plancher derrière supporté par 2 traiteaux. — 1 petit châssis représentant un clavessin. — 4 vases à fleurs. — 1 tronc de fleurs. — 1 petit châssis pliant en deux, représentant l'appartement de Zémire. — Le trone d'Azor et son marchepied.

Pour *Dorothée.*

1 fonds représentant la cathédrale de Milan, 1 assis de ville de chaque côté, 1 obélisque avec 2 petits châssis à côté et y tenant, et 6 montans pour la supporter.

Pour *le Bonheur est d'aimer.*

1 rotonde composée de 2 châssis pliants. — 1 petit amour monté sur un pied d'estal.

Pour *les Jeux d'Églé.*

1 grotte pour Bachus composée d'un châssis pliant formant le devant et d'un *idem* pour le fonds. — 1 figure montée sur un tronc de colonne représentant Bacchus, 1 marchepied figurant un gazon et son dossier.

Pour le ballet du *Déserteur.*

Le pont composé de 2 révolutions et de 4 traiteaux pour le plancher, portant : avec les 2 poteaux, l'un les armes de France, l'autre celles de l'Empire, 2 devantures pour le pont du devant. — 1 tente ci-devant royalle pour le conseil, composée de 3 châssis et d'un *idem* pliant faisant fonds. — 3 autres tantes détachées composées d'un seul châssis chaque. — 2 autres *idem* faisant fonds formant ensemble 5 châssis se pliant l'un sur l'autre. — 1 M composée par un grand châssis sur le devant et d'un *idem* pliant pour le fonds. — 2 trophées, un représentant des canons et boulet, l'autre des drapeaux, armes et tambours. — 1 grand terrein de quatre pieds de hauteur traverssant le théâtre. — 4 petits châssis figurant des rochers de verdure.

Pour *Psiché.*

1 arbre isolé. — 1 châssis représentant une fonteine. — 1 barque pour le naufrage montée sur un châssis ondulé traverssant le théâtre. — 1 grand fonds représentant d'un côté un bout de temple, de l'autre un petit paysage. — 4 châssis figurant des nuées. — 4 petits marchepieds

de 3 marches et 1 pallier chacun. — 1 petit châssis représentant 1 tronc de verdure. — 2 *idem* pliants et 1 simple pour recevoir Psiché du haut de la montagne.

Pour *la Mort d'Orphée.*

1 montagne formée de trois révolutions garnies de leurs traiteaux, chacun ayant un châssis de devanture. — 6 grandes urnes formées de courbes revêtues de boiëtte. — 2 grands châssis pliants pour coulisse. — 1 petit fonds en toille volante représentant un paysage. — 1 colonne torsse revêtue de gaze d'argent pour former un courant. — 1 petit châssis figurant une licorne.

Pour *la Rose et le Bouton.*

1 grand temple d'ordorique composé de 2 châssis pliants et d'une porte ouvrante dans le milieu, 1 arc de triomphe représentant l'entrée d'une ville, 1 grande porte dans le milieu et des issues dans chaque côté faits pour la fête bordelaise.

Pour *Mirza et Lindor.*

1 pont composé d'une devanture, d'un derrière portant chacun une balustrade, un plancher, le tout équipé sur trois battis pour faire monter et descendre une révolution en deux parties qui joint le port.

1 balustrade à la greque composée de 4 châssis, d'un escalier à six marches pour marcher sur la terrasse.

Pour *la Reine de Golgonde.*

Le lit de repos composé d'un châssis pliant pour le devant, d'un ——— le derrière, d'un plancher de douze pieds de longueur et deux et demie de hauteur, mouvant sur quatre roulettes.

6 griffons simples portant sur leur queüe un vase de fleurs, 2 *idem* grouppés portant sur leur queüe un parasol chinois.

1 kiosque chinois composé d'un châssis pliant pour le devant et un *idem* pour le derrière.

Pour *Il n'est qu'un pas du mal au bien.*

2 grands châssis représentant des moissons et 3 petits *idem*. — 1 portique de chambre rustique avec 1 escalier pour monter à la chambre haute. — 1 petit châssis représentant une grille servant de porte.

Pour *les Quatre fils Aymond.*

3 châssis représentant l'entrée d'un fort, le pont-levis formé de deux châssis arcadés portant une balustrade de chaque côté. — 3 châssis vuides formant le derrière du pont. — 1 grille de barrière à coullisses. — 3 traiteaux pour supporter le plancher du pont. — 2 bassecales et leurs chaînes pour lever le pont. — La partie du pont qui se lève.

1 échafaut représentant un coupe-tête composé de 4 châssis, 1 plancher et 1 marchepied pour y monter, 2 poteaux à coulisse pour supporter le mouton.

Pour *Panurge.*

Le temple du grand prêtre composé d'un grand châssis pliant et deux autres faisant retour de chaque côté. — 1 figure représentant un Chinois monté sur un pied d'estal. — 2 châssis pour l'orchestre du fond, pliants. — 2 gros lustres en bois.

1 palanquin pour porter Panurge surmonté d'un grand parasol chinois fait en courbes de fer. — 2 autres petits palanquins portant chacun un tambourin. — 1 grand fonds représentant un temple chinois peint en rotonne avec une grande porte ronde ouvrant dans le milieu.

1 ferme traverssant le théâtre figurant des grouppes de lenternes en transparant composé de 3 châssis doubles, 1 châssis en toille blanche.

1 coulisse de chaque côté portant un grouppe de lanternes et cinq grouppes *idem* de lenternes posés sur pieds d'estaux pour s'adapter aux dits châssis du jardin d'*Armide.*

27e Vacation (15 prairial an III).

Continuation de l'inventaire des décorations.

Pour *Annette et Lubin.*

1 châssis pliant pour le devant de la cabanne. — 1 *idem* pour le fonds. — 1 petit banc de gazon.

Pour *Arianne dans l'isle de Naxos.*

1 petite montagne à deux révolutions. — 2 châssis servant de devanture en rochers. — 8 traiteaux pour supporter les planchers composés de trois trapes de différentes grandeurs.

Pour *Alexis et Justine.*

1 portique du hameau composé d'un châssis, 1 porte ouvrante et 1 fenêtre.

Pour *Castor et Polux.*

1 fonds en toille vollante représentant l'Olympe. — 1 châssis de chaque côté. — 1 plafond. — 1 grande deventure en nuées et deux autres petits châssis aussi en nuées. — 1 châssis pour le tombeau avec son marchepied. — 6 trophées peints sur bois à manches pour les portes. — 1 palanquin pour porter Castor blessé. — Le trone de Castor, son marchepied et 2 châssis pour le dossier et la deventure.

Pour *la Rozière.*

1 petit trone suporté sur un plancher qui se garnit de guirlandes.

Pour *la Fausse Magie.*

1 châssis représentant un miroir magique monté sur deux petites âmes.

Pour *l'Amoureux de quinze ans.*

5 arcades peintes en fleurs portant chacune une devise dans le haut.

Pour *les Vendangeurs.*

2 châssis peints en vignes et 1 tronc d'arbre.

Pour *la Belle Arsenne.*

1 grand châssis en rochers et un autre pour devanture à l'escalier. — 2 limons portant les marches de l'escalier et 1 batti mouvent dedans. 1 petit châssis portant une porte grillée. — 1 petit tronc de colonne avec un marchepied circulaire.

Pour *les Souliers mordorés.*

1 châssis représentant un magazin de souliers.

Pour *l'Amant jaloux.*

1 pavillon composé d'une devanture avec porte ouvrante peinte en jalousie, 2 petits châssis de retour pour fermer le pavillon, 4 châssis traversant le théâtre représentant un mur peint en treillage.

Pour *le Sabot perdu.*

3 petits portiques de chaque côté peints en maison de paysan.

Pour *les Deux Avares.*

1 portique et 1 châssis ayant une grille dans le bas et une fenêtre dans le haut. — Le puits formé par deux châssis de courbe, deux courbes de fer pour recevoir la corde du sceau. — 1 piramide composée d'un châssis pour le devant, 2 pierres en bois pour former l'ouverture, 1 grille mouvante en dedans et 3 petits châssis pour fermer le derrière et les côtés. — 1 petit châssis représentant une embrasure de croisée avec l'échelle pour y monter.

Pour *le Maréchal ferrant.*

La forge formée par un seul châssis, l'enclume, le soufflet figuré par petit batti de bois et toille peinte, marteau et pince.

Pour *les Trois Fermiers.*

1 châssis figurant un petit portique à vollet, 1 apui à la fenêtre pour y placer deux vases de fleurs.

Pour *le Soldat magicien.*

1 châssis figurant une cheminée avec trumeau par-dessus.

Pour *le Déserteur*, opéra.

1 escalier pour descendre à la prison composé de quatre marches, son pallier et sa rempe.

1 arbre pour le milieu du théâtre et 2 bancs de gazon pour quatre places.

1 petite montagne à deux révolutions avec ses planches et 2 châssis de deventure.

Pour *les Femmes vengées.*

2 cabinets composés de 11 châssis, une porte à chacun et une fenêtre peinte.

Pour *les Chasseurs et la Laitière.*

1 cabanne composée par 4 châssis, 2 conduits ——— 20 pierres en bois.

Pour *le Thonnelier.*

1 grand cuvier vieux.

Pour *les Amours d'été.*

1 portique avec fenêtre, 1 gallerie devant formée d'un châssis pour la devanture et deux retours. — 1 roue en bois et patin pour le moulin.

Pour *l'Épreuve villageoise.*

1 portique de hameau en un seul châssis peint ayant une porte ouvrante dans le bas et une fenêtre dans le haut. — 1 plancher. — 2 traiteaux et 1 échelle.

Pour *la Clochette.*

1 petit portique formé d'un seul châssis avec une porte ouvrante dans le milieu.

Pour *Midas.*

1 grand rocher portant le temple d'Appolon, et à côté le cheval Pegase, le tout formé de 3 châssis.

Le mont Parnasse composé de 2 châssis pliants, 3 simples, 1 rotonne pour former le temple, 1 petite roüe pour la fonteine, 1 grand escalier en face et son pallier, 2 autres à droite et 2 à gauche, 1 grand plancher et 6 tréteaux.

2 châssis doubles formant la maison de Palmon d'un côté et figurant des rochers de l'autre.

Pour *la Dot.*

1 escalier en deux parties, 14 marches pour monter à la chambre haute, en mauvais état.

Pour *les Deux Tuteurs.*

1 grille composée de deux châssis en barreaux et d'une porte ouvrante avec son imposte dans le milieu, le tout peint soubassement, et en pillastre de pierre.

Pour *On ne s'avise jamais de tout.*

1 portique de ville d'un seul châssis avec porte et fenêtre, 1 plancher derrière et 2 traiteaux.

Pour *Orphée et Euridice.*

4 cyprès, le tombeau d'Euridice composé d'un seul châssis avec son marchepied, un banc de gazon et un petit tronc d'arbre, 1 châssis peint en

fer ayant une grille dans le milieu, 1 petit châssis faisant fonds derrière la grille, en mauvais état.

Pour *Rose et Colas.*

1 portique avec coulisse pour recevoir une selle.

Pour *les Amours de Bayard.*

La tente du ci-devant roi dans le fond composée d'un châssis pliant et son fonds d'un autre châssis aussi pliant et deux petits revers. — 2 autres tentes plus petites à droite et à gauche composées chacune d'un châssis simple pour le ______ 2 pliants pour le fonds.

6 gradins de chaque côté de trois pieds de longueur et quatre de hauteur. — 2 escaliers peints en vert, chacun en deux parties et chaque partie portant sept marches, six poteaux et six traverses pour le tourner.

Pour *les Deux Savoyards.*

1 petit pavillon composé de deux châssis, un pour la façade et un pour le côté. — 1 porte extérieure du château composée d'un chambranle tenant la porte.

Pour *Raoul Barbe-Bleue.*

2 petits châssis pour l'escalier, un pour le devant et l'autre pour la rampe. — 1 porte en losange pour le portique du sallon.

Pour *Renaud d'Ast.*

2 petits portiques à œïl de bœuf. — 1 croisée à deux battants. — 2 portes vitrées pour remplacer les portes ordinaires de la ferrure de la chambre. — 1 paravant à huit feuilles de huit pieds de hauteur.

Pour *les Prétendus.*

1 tronc de fleurs formé par un châssis peint en treillage doré et un marchepied.

Pour *les Pomiers et le Moulin.*

1 tronc d'arbre représentant un pomier.

Pour *Crispin médecin.*

1 table à quatre pieds.

Pour *Œdipe ches Admette.*

4 escaliers pour former la montagne d'où descend Œdipe et Antigone,

3 terreins pour les deventures de la montagne, 1 banc de rochers. — 1 fonds de toille volante ayant une ouverture dans le milieu représentant l'entre des Euménides, avec leur porte et chambranle, et un autel de sacrifice.

Pour *l'Écossoïse ou les caffés.*

1 porte tournante figurant une fonteine des deux côtés.

Pour *le Barbier de Séville.*

1 portique de ville avec portes et fenêtres et son plancher pour monter derrière. — 1 balcon et 1 portique dans le fonds composé d'un châssis simple portant une jalouzie. — 1 *idem* sur le devant formé d'un châssis double ayant une fenêtre.

Pour *le Malade immaginaire.*

1 tribune et son escalier y tenant.

Pour *l'Orphelin de la Chine.*

1 grande figure chinoise et son pied d'estal.

Pour *les Trois Cousines.*

1 moulin à vent formé d'un seul châssis pour le corps du moulin et de quatre petites ailes.

Pour *la Veuve du Malabar.*

2 châssis figurant le bûcher.

Pour *le Roy de Cocagne.*

2 châssis représentant deux buffets garnis.

Pour *Tartuffe.*

1 table à quatre pieds peints en vert.

Pour *Tancrède.*

1 Bayard avec deux brancards.

Pour *Pigmalion.*

1 châssis pour la deventure de l'attellier, un autre *idem* pour le côté, 1 châssis en trois parties faisant fonds de l'attellier, 4 grouppes de figures représentant l'attellier.

Pour *Ramire.*

1 grande tour composée d'un châssis pliant à jour, dans le bas une

autre petite composée *idem*, un autre châssis simple figurant l'entrée d'un fort, deux *idem* pliants pour former un grand mur.

Pour *Roméo et Julliette.*

2 petits fonds en toille volante, le premier figurant une arcade, le second faisant fonds et représentant des lempes sépulcrales. — 4 petits châssis pour les tombeaux. — 1 *idem* pour l'autel, un autre châssis pour le tombeau du milieu et 1 marchepied simple.

Pour *Sémiramis.*

1 grand châssis en obélisque pour le tombeau ayant une porte ouvrante dans le milieu et 1 marchepied circulaire. — 1 petit châssis servant de rampe pour monter au tombeau.

Pour *Gabriel de Vergy.*

1 châssis en piramide figurant des pierres saillantes.

Pour *le Mariage de Figaro.*

1 deventure d'alcôve formée d'un châssis pliant. — 1 *idem* faisant l'alcôve et figurant un lit. — Un autre *idem* petit figurant une croisée.

1 ferme de maronniers composée de deux châssis pliants et deux simples, 1 plafon, 2 petits pavillons composés de trois châssis chaque.

Pour *la Fête patronale.*

L'estatue de la Liberté avec son pied d'estal.

Pour *la Mort de Césard.*

4 figures en carton.

Pour *Zelmire.*

1 grand châssis pour le tombeau avec une porte ouvrante. — 8 petits châssis peints représentant des tentes pour former un camp.

28e Vacation (17 prairial an III).

Continuation de l'inventaire.

Pour la chambre de Molière.

6 coulisses. — 1 ferme et 4 plaphons.

Pour la salle de bal.

4 châssis pliants et 1 simple.

Et le citoyen Pacher a observé que les fermiers n'avoient pas le droit d'anéantir une salle de bal qui a coûté aux actionaires près de quinze mille livres.

Et le citoyen Marchand, machiniste, a répondu qu'il a été employé de ladite salle de bal pour la pièce de *Raoul sire de Créqui* trois châssis, pour *Lodoïsca, le Nid d'amour* et le ballet de *Bachus et Arianne* tous les autres châssis sauf les cinq qui restent encore, neuf collones et majeure partie de la corniche. Plus quarante-deux trapes avec leurs agencements, huit planchers formant le trotoir, un grand lustre en fer.

Et par la citoyenne Dorfeuille a été ajouté à la déclaration du citoyen Marchand qu'elle a ignoré si la salle de bal étoit complette, mais qu'elle a été prêtée pour une fête que donna au jardin public le citoyen Dégaus.

Pour les ustenciles.

1 grosse caisse de quatre pieds de longueur et de deux de diamettre pour le tonnerre.

1 grand châssis de dix pieds ——— collé d'une peau de veau, avec un corps de luttre au bout pour *idem*.

1 grande roüe de six pieds de diamettre garnie en fer blanc pour la grelle. — 12 fils de letton pour supporter les lustres et les planchers de glois. — Les grilles d'entrées placées dans le péristille. — Le plancher du ceintre. — 40 paimpans de plomb pour le contre poids.

3 paneaux contenant neuf glaces. — 36 banquettes servant à la salle de consert. — 12 guéridons en fer peints en jaune provenant de la salle de bal. — 18 queues de lempes peintes en jaune.

Pour l'orquestre.

14 putpitres. — 2 contrebasses, dont l'une grande et l'autre moyenne. — 2 paires timballes. — 12 grands lustres.

29e Vacation (22 prairial an III).

Objets faits sous l'administration de la citoyenne Dorfeuille.

4 moulins pour le ballet du *Rendé-vous nocturne* faits avec des objets dépendants de l'encienne administration.

Pour *Don Quichotte.*

2 troncs d'arbre.

Pour *Demophon.*

1 statue.

Pour *le Saint déniché.*

1 chaize à porteur d'ozier couverte en toille peinte. — 1 fonteine et sa niche.

Pour *le Débat des Muses.*

6 corbeilles de fleurs en carton repeint. — 6 nuées. — Retouché dix-huit coulisses de forêt et repeint un fonds *idem.*

Pour *Lodoïska.*

1 fort composé d'une grande tour avec ses deux portiques, d'une dev ——— pont et une de fossé, plus un por ——— avec sa coulisse, le tout fait avec des objets apartenant à l'encienne administration.

Plus 1 fonds de démolition et son plafond. — 2 portiques avec ses degrés. — 1 balustrade et sa statue et 2 coulisses à brisures, ces derniers objets faits avec du neuf, ainsi qu'un pont à démolition et deux terreins d'incendie.

Pour *l'Amour corsaire.*

1 navire à chargement et sa voille. — 1 statue. — 1 rocher. — 1 terrein à changement et 1 jardin.

Pour *l'Intrigue épistolaire.*

2 portiques de chambre. — 1 grand châssis à brisure représentant un lit et 1 armoire. — Un autre châssis et 1 chevalet. — Un autre châssis représentant plusieurs figures de quinze pieds de haut. — Un grand tableau représentant Tancrède. — Un autre châssis représentant une figure et 1 otomanne, plus 1 fourneaud. — La bibliotèque.

Objets faits pour le Grand-Théâtre dans la partie des décorations sous l'administration du citoyen Brochard et compagnie.

Pour *le Nid d'amour.*

1 montagne composée de quatre révolutions, deux coulisses, un arbre, un terrein, deux rochers et un temple avec son fonds; le tout fait avec des objets apartenant à l'encienne administration

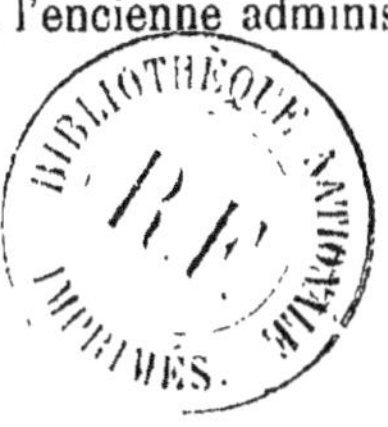

Plus 1 berceau faisant le nid d'amour composé de deux deventures, un fonds et un tertre de gazon; ces derniers objets faits avec du neuf.

Pour *la Destruction de la Royauté.*

1 coulisse représentant un volcan à démolition. — 6 bandes de mer.

Pour *Paul et Virginie.*

Fourni un lais de toille à un ciel.

Pour *la Noce.*

1 chaumière composée d'un châssis géométral.

Pour *la Fête de Sainte-Ursulle.*

1 bosquet composé de deux petit châssis de six pieds de haut.

Pour le ballet de *la Vertu,* à l'ordre du jour.

Des guirlandes portant des inscriptions ornées de feuilles de chêne. — Des corbeilles en fleurs.

Pour *l'Espion de* ——

1 colone avec son pied d'estal ornée de faisseaux.

Pour *Lodoïsca* des Italiens.

1 châssis oblique remplaçant celui du château de la décoration de l'autre pièce, la toille fournie par Brochard et compagnie, le reste pris au magazin. — 1 petit châssis de soubassement toille et bois neuf.

1 petit châssis de ravallement servant à dessendre du pont.

1 terrasse gothique composée de trois châssis, la deventure, le dessus et le fonds. — 1 soubassement de tour et 1 tour à démolition qui n'est que trassée.

Pour *les Dragons et les Bénédictines.*

Le diable et 1 grand châssis gothique pour la niche.

Pour *l'Enrôlement des Citoyennes.*

1 char pour la raison du moment, le modelle du Panthéon français.

1 vaisseau. — 8 lembrequins pour orner les palanquins de la Victoire, etc., d'autres petits lembrequins pour Rousseau et, le vaisseau, 19 banières, douze pour les mois de l'année, les autres pour d'autres emblêmes.

Pour *les Visitendines.*

1 parloir composé de trois châssis et deux grilles. — 1 portique aplicable aux *Événements imprévus* représentant une porte de couvent. — 1 petit châssis pour le tour, des grilles pour cinq grandes croisées de *la Maison des événements.*

Pour *la Caverne.*

5 arbres isolés. — 1 barrière en branches d'arbre. — 1 plafond monté sur un châssis. — 2 châssis. — Le pillon. — 2 châssis, l'un représentant la tante, l'autre un rocher. — 1 ferme, son plaphon, deux terreins et la lempe.

30e Vacation (23 prairial an III).

Continuation de l'inventaire.

Effets appartenant à la commune.

Premièrement, 2 rideaux de manœuvre et le manteau d'Arlequin. — 2 coulisses formant une double avant-scène avec son plafond.

1 temple composé de six coullisses et de quatre fermes isolées et une ferme de cinquante-huit pieds de long et un rideau portant leur plaphon.

1 grand palais composé de douze coullisses, un fonds, et chaque coullisse portant son plaphon. — 1 vestibulle composé de huit coullisses, deux collonnes, une ferme et quatre plaphons.

1 grand sallon composé de dix coullisses et d'une ferme, six plaphons avec deux petits portiques.

1 petit sallon, se nommant la salle de Molière, composé de huit coullisses, d'une ferme et cinq plaphons.

1 prison composée de six coullisses, une ferme et un rideau de fonds et deux plaphons.

1 chambre rustique composée de six coullisses, d'un rideau de fonds et trois plaphons.

1 place publique composée de neuf coullisses, de deux fonds, un ouvert et l'autre plein, avec dix ciels d'une forme quarrée.

1 désert composé de dix-huit coullisses, d'un fonds pour être placé au n° 6 et l'autre fonds il se tient au désert; une montagne de trois révolutions avec ses traiteaux et plancher (les décorations ont été dégradées au Champ-de-Mars).

1 jardin composé de dix-huit coullisses, d'une ferme, d'un fonds. — 1 forest composée de vingt coullisses, d'une ferme, d'un fonds, de deux arbres izolés et dix plaphons.

Le hameau composé de treize coullisses, un arbre izolé et un fonds.

Les Champs Élizées composés de vingt coullisses, six arbres _____ et huit ciels ceintrés.

1 enfer composé de dix _____ coullisses, deux fermes, une _____ et l'autre fermée et cinq plaphons.

Toutes les machines du théâtre pour faire mouvoir les dittes décorations équipées de leurs cordages et contre poids en état de service.

Objets du luminaire appartenant à la commune.

1 rempe garnie en fer blanc composée de vingt-six lempes garnies. — 12 portans aux coullisses ayant quatre-vingt-treize lempes et récipiants et soixante-six réverbères de cuivre argenté. — 8 autres portans de coullisses ayant soixante-cinq récipians quarrés, quatre-vingt-une lempes à deux pompes et quarente-huit plaques quarrées de cuivre argenté. — 16 autres portans de coullisses simples ayant cent douze récipiants, cent vingt-six lempes et trente-quatre plaques argentées. — 24 lempes à réverbères à deux becs ayant chacune un bassin quarré, dont vingt-une avec plaques de cuivre argenté, servant à éclairer les Gloires, et autres objets. — 22 plaques pour les herés.

16 guirlandes en fer doré dans la salle. — 104 pompes quarrées provenant de réforme. — 5 grandes lenternes à pans couppés et une quarrée servant à diférents postes.

4 lenternes quarrées à deux becs et garnies. — 6 lenternes quarrées à un bec. — 1 grande lenterne. — 1 autre dans le vestibule à six becs. — 3 lenternes à verre rond avec une lempe, dont un verre cassé.

14 lenternes à tire-point à réverbère garnies chacune d'une lempe à un bec. — 46 petites lenternes à tire-point avec une lempe à un bec, dont vingt-huit garnies de leurs plaques argentées.

Ustencilles et meubles appartenant à la commune.

16 petites armoires à côté de l'orchestre pour renfermer les instruments des musiciens.

2 armoires en forme de placart à côté du foyer des acteurs.

19 portes battantes placées ——— à divers endroits.

La loge des officiers municipaux garnie de glaces. 10 chaizes. — 1 table. — Loge ditte ci-devant du Roi. 12 chaises en bois de noyer. — 1 glace au-dessus de la cheminée. — 1 chambranle en marbre blanc. Loge dite ci-devant de la Reine. 12 chaises bois de noyer.

Chaises éparses dans la salle.

63 chaises garnies de mocquette bleue. — 7 fauteuils *idem*. — 12 chaises *idem* hors de service.

106 chaises garnies de mocquette rouge. — 7 *idem* hors de service. — 5 chaises en cuir hors de service.

Et attendu que tous les objets ——— appartenant à l'encienne administration, ceux faits sous l'administration de la citoyenne Dorfeuille et sous celle du citoyen Brochard et compagnie, ainsi que ceux qui appartiennent à la commune sont inventoriés, et attendu l'heure tarde et que nous ne pourrions, quand à présent, nous transporter au Théâtre des Variétés, avons renvoyé à demain, neuf heures du matin, pour nous transporter audit Théâtre, et en conséquence, avons intimé toutes parties à vouloir s'y trouver à la ditte heure.

31e Vacation (24 prairial an III).

Nous, juge de paix susdit, nous sommes transporté au Théâtre des Variétés pour procéder à l'inventaire des objets de l'encienne et nouvelle administration et de ceux qui appartiennent à la République, s'il s'en trouve, où nous avons trouvé les citoyens Pacher, représentant le citoyen Albert, la citoyenne Dorfeuille et le citoyen Granger, représentant le citoyen Brochard et compagnie, et le citoyen Marchand, machiniste, en présence desquels avons procédé audit inventaire ainsi qu'en celle du citoyen Bonnaffé, notable, ainsi qu'il suit :

Encienne administration.

Premièrement, 1 rideau d'avant-scenne.

1 sallon composé de trois châssis de chaque côté et sa ferme.

1 place publique composée de six châssis de chaque côté et son fonds et deux portiques tenant à cette décoration.

1 vestibulle composé de trois châssis de chaque côté, sa ferme sans porte et son pantallon.

1 forest composée de cinq châssis de chaque côté, son rideau et son fonds percé.

1 montagne à trois révolutions et son orison.

1 palais brian composé de six coullisses de chaque cotté et son fonds.

1 palais composé de six châssis de chaque côté et son fonds. — 1 palais gothique composé de douze châssis plains, deux à colones isolées, un fonds percé et son fonds fuyant.

4 coulisses de rochers. — 1 souterrein établi de trois coullisses. — 1 fonds de mer et 1 bande *idem* et son terrein.

6 coulices de tante. — 1 chambre rustique composée de quatre châssis de chaque côté, son fonds et un portique tenant à cette décoration.

6 châssis de prison. — 1 tante isolée et son fonds. — 2 portiques de sallon. — 2 châssis obliques qui sont placés dans le sallon. — 1 autre châssis oblique avec des croisées pour placer dans le sallon.

3 portiques de hameau. — 3 arbres isolés.

1 grande place. — 1 morceau de rocher où il se trouve un grand trou qui se bouche par une pièce.

1 fort composé d'une deventure et son fossé.

1 pont levy et sa façade d'un châssis.

1 deventure de remparts de trois châssis, trois tourelles et son fonds.

Le pont que l'on pratique derrière sous les trapes, et les traiteaux de la montagne.

12 planches minces ferrées. — De petites peintures pour les portans et vingt-une plaques. — 1 lenterne magique.

2 gradins couverts de toille peinte en draperie. — 1 échafaud à jour peint.

1 mauvais traîneau à deux places. — 1 cuvier, dont le haut est garni d'une toille.

1 baignoire en auzier garnie de toille rouge.

2 grandes banquetes garnie de toille rouge.

1 grelle. — 1 tronc d'arbre de huit pieds de haut. — 6 plafons de ciel. — 6 plafonds en draperie rouge.

3 pulpitres d'orquestre portatifs et 2 grands et 1 petit cloués à la deventure du théâtre.

2 planches pour boucher l'ouverture de la rempe, laditte rempe sur des cassettes, et 1 petite lanterne à main.

1 fonds d'enfer, une cage qui monte du dessous sans être équipée en cordage. — 2 petits brancarts.

1 barque sur un chemin ondé sans être équipée.

5 escaliers de diférentes formes et hauteur.

1 banc en forme de rochers d'un côté et de l'autre en forme de charmille.

4 trophées de guerre montés sur des picques. — Plusieurs morceaux de deventure de bûcher.

1 bain composé d'un châssis et d'une deventure en balustre. — 1 deventure de tribune.

1 grand châssis ouvrant et formant un trône.

1 grande tour à démolition dans le bas pour *Guillaume Tell*. — 2 figures sur le pied d'estal.

1 banc garni d'un dossier en charmille et fleurs.

1 tombeau de cotté en piramide. — 1 châssis de bibliotèque.

5 châssis très mauvais de rochers de diférentes formes.

1 châssis rustique dont l'ouverture est fermée en forme de barreaux de fer; tous lesquels effets dépendent de l'encienne administration, et 1 plancher de bal.

Avons ensuite inventorié tous les effets qui ont été fournis audit théâtre sous l'administration du citoyen Dorfeuille ainsi qu'il suit :

1 fonds de ville fait avec des objets de l'encienne administration.

12 coullisses de forêt et 2 fonds faits *idem*.

1 fort composé d'une deventure, deux tours, un fonds d'une deventure de pont, un portique et son pont-levis, deux coullisses et un mur fait *idem*.

1 montagne composée de trois révolutions, de quatre coullisses et deux rochers faits *idem*.

1 fonds de montagne fait avec du neuf.

1 porte représentant ______ fait *idem*.

Pour *le Sourd.*

3 pelles et 1 cheminée avec son chambranle fait *idem.*

1 fonds de vestibule fait *idem.* — 1 pantallon *idem.* — Retouché 6 coullisses de vestibule.

1 fonds de temple fait *idem.*

Retouché 3 fonds et 4 coullisses. — 1 fossé du palais fait *idem.* — Retouché 12 coullisses.

1 cage sortant de dessous fait *idem.*

1 Olimpe composée de quatre deventures, deux coullisses, une frise et cinq nuées, fait *idem.*

1 fond d'Olimpe peint derrière un autre fonds.

2 portiques de sallon faits avec des objets dépendant de l'encienne administration.

1 croisée de sallon faite *idem.*

Pour *Suzanne.*

1 bain, 1 berceau, 1 arbre et 1 tribune, le tout fait *idem.*

Pour *Fort belle.*

1 autel à deux faces, 2 lembris, 2 dragons et deux tableaux faits *idem.*

Pour *Guillaume Tell.*

1 tour à démolition et 1 piramide.

Nous avons ensuite inventorié tous les objets qui ont été fournis audit Théâtre des Variétés par le citoyen Brochard et compagnie.

Pour *le Prélat d'autrefois.*

1 chere à prêcher, 1 châssis oblique, 1 confessional, 1 maître-autel.

2 grilles et 1 bûcher pour *Dorothée.*

De tout quoi avons fait et dressé le présent inventaire et ont, toutes les parties dénommées, signé avec nous et le citoyen Bonnaffé, notable.

Bordeaux, le dit jour, mois et an que dessus.

Déclarant avoir employé trente-deux sçéances.

Signés : Latour, juge de paix. Gratis pour mes vacations, approuvant trente-deux sçéances gratis; J.-L. veuve Rozelly dite Dorfeuille; Pacher, fondé de pouvoirs du citoyen Albert; N. Marchand; N. Granger; Jean Bonnaffé, notable; Lévêque, greffier. Gratis pour mes vacations.

——— taxer les sçéances qu'il a employées à représenter les objets du magazin à huit livres, cent quarante-quatre ———

Au citoyen Clavel, pour aider à préparer et serrer les objets du magazin, dix-sept sçéances à huit livres, cent trente-six livres.

Au citoyen Audigeos, pour le même travail, seize sçéances audit prix, cent vingt-huit livres.

Et à quatre garçons de théâtre, pour présenter les décorations pendant deux jours, à six livres chacun par jour, en total quarante-huit livres.

Signé : LATOUR, *juge de paix.*

Plus taxé à Matchand, machiniste, pour huit sçéances à dix livres, quatre-vingts livres.

Enregistré à Bordeaux, le 25 fructidor an 3e de la République, reçu soixante-quinze livres provisoirement. Signé : Bugues. Délivré deux expéditions.

Bordeaux. — Imprimerie G. Gounouilhou, rue Guiraude, 11.

www.ingramcontent.com/pod-product-compliance
Lightning Source LLC
LaVergne TN
LVHW010613110826
845149LV00003B/897

* 9 7 8 2 0 1 9 1 7 0 8 4 4 *